MÓNICA HINOJOSA
MÓNICA MALDONADO
LOREA ARIADNA RUIZ

BREVE HISTORIA DEL CINE ECUATORIANO

●

PUNTOS DE FUGA

UNIVERSIDAD DE MÁLAGA

2024

© Las autoras
© UMA Editorial. Universidad de Málaga
    Bulevar Louis Pasteur, 30 (Campus de Teatinos)
    29071 Málaga
    www.umaeditorial.uma.es

DISEÑO DE COLECCIÓN
Antonio Herráiz PD

MAQUETACIÓN
Aurora Álvarez Narváez. UMA Editorial

ISBN: 978-84-1335-332-6
Depósito Legal: MA 143-2024

IMPRESIÓN: Podiprint
Impreso en España - Printed in Spain

Esta obra también está disponible en formato electrónico.

Esta editorial es miembro de la UNE, lo que garantiza
la difusión y comercialización de sus publicaciones a
nivel nacional.

ÍNDICE

INTRODUCCIÓN

Nos sumergimos en el ámbito del cine ecuatoriano, explorando una amplia gama de temáticas y producciones cinematográficas que abordan aspectos sociopolíticos, culturales e históricos de relevancia para Ecuador. A lo largo de las décadas, el cine ha servido como una poderosa herramienta para visibilizar realidades sociales, preservar la memoria histórica y promover reflexiones críticas sobre la identidad nacional ecuatoriana. Este análisis nos llevará a explorar diferentes perspectivas y enfoques presentes en las producciones cinematográficas, destacando la importancia del cine documental como medio de expresión, reflexión y promoción de la diversidad cultural y social en Ecuador.

El desarrollo del cine ecuatoriano muestra una evolución constante a lo largo del siglo XX. En las décadas iniciales, la producción cinematográfica en Ecuador fue escasa, con una mayor predominancia del documental sobre la ficción. La llegada del científico Theodor Wolf sentó las bases para la proyección de las primeras imágenes en movimiento. La primera exhibición pública de material cinematográfico se realizó en Quito en 1901. Desde entonces, se fueron estableciendo diversas salas de proyección en Guayaquil y Quito, creando un vínculo más estrecho entre la Costa y la Sierra.

La década de los años 20 vio un crecimiento significativo en la producción cinematográfica ecuatoriana, con una proliferación de documentales y películas de ficción que reflejaban la vida y las costumbres del país. La evolución del cine ecuatoriano se vio influenciada por eventos políticos, sociales y económicos, y su desarrollo se vio afectado por la crisis mundial de 1929. A medida que avanzaba el siglo, la producción cinematográfica en Ecuador se enfrentó a desafíos tecnológicos y financieros que impactaron en su evolución.

Desde los años 30 hasta la actualidad, se observa un desarrollo continuo en la producción cinematográfica, con momentos de avance y otros de limitaciones en la creación de ficción y documentales. Durante los años 30 del siglo XX, se registró un crecimiento limitado en la producción cinematográfica, con un énfasis en la realización de producciones documentales debido a los problemas de acceso a la tecnología y los costos de producción (Loaiza & Gil, 2015).

En la década de los 70 y 80 del siglo XX, se reavivó la cinematografía ecuatoriana con un movimiento generacional influenciado por la vida democrática que emergía en ese periodo. Hubo un aumento significativo en la cantidad de producciones, y se constituyó la Asociación de Cineas-tas del Ecuador (ASOCINE). La temática indigenista ganó relevancia, y se produjeron documentales que se dedicaron a registrar los vestigios arqueológicos y culturales del pasado, así como a entrevistar a personas para abordar una visión crítica de la historia del país.

Durante el comienzo del milenio, con el respaldo del gobierno y el apoyo de instituciones, se observó un incremento en la producción ci-nematográfica. Se estrenaron numerosas películas ecuatorianas en salas de cine, tanto de ficción como documentales, desafiando la escasez de producciones en décadas anteriores. Este periodo se vio impulsado por políticas de apoyo y la creación de la Ley de Cine.

En la actualidad, el cine ecuatoriano continúa su evolución, con un mayor estímulo a la producción cinematográfica a través de fondos concursables y reconocimientos. La diversidad temática y la experimen-tación narrativa se han convertido en características distintivas del cine ecuatoriano contemporáneo, que sigue explorando nuevas fronteras na-rrativas y consolidando su identidad en la pantalla grande.

A lo largo de su historia, el cine ecuatoriano ha avanzado desde sus primeros intentos en los años 20 hasta convertirse en una expresión cultural sólida y diversa en la actualidad.

Desde un análisis retrospectivo, se puede evidenciar que desarro-llo cinematográfico ecuatoriano ha tenido etapas en las que la produc-ción de ficción y documental ha sido continua, aunque, esto no significa que en las ocho primeras décadas de historia se pueda hablar de una producción significativa en volumen de estrenos de largometrajes. Hasta entrada la década del 2000 se observa que la producción de ficción en comparación con la de documental es bastante escasa.

Este monográfico está dividido en varios capítulos. En el capítulo 1, «Orígenes del cine ecuatoriano (1924-1970)», se abarca los inicios del cine en Ecuador. En el capítulo 2, «Desarrollo de la cinematografía en Ecua-dor (1970-1980)», comentamos la creación de instituciones relacionadas con la cinematografía, la realización de festivales de cine, así como la producción de cortometrajes y documentales que marcaron esta déca-da. Se incluyen referencias a la producción de diversos cortometrajes. En el capítulo 3, «Temáticas Recurrentes del Cine Ecuatoriano (1980-2000)», se explorarán las temáticas recurrentes tanto en la ficción como en el documental ecuatoriano durante las décadas de 1980 y 1990. Se abor-dará el impacto de la migración, la crisis económica, y la representación de la vida rural y urbana. Se incluyen referencias a películas específicas y su relación con la realidad social. En el capítulo 4, «Crecimiento y Diversificación de la Producción Cinematográfica (2000-2010)», se cubrirá el aumento en la producción de largometrajes y documentales, la incursión en nuevos géneros y enfoques narrativos, así como la participación en festivales internacionales. Este capítulo también explorará el contexto político y social que marcó esta época. Se incluyen referencias a documentales y películas específicos. En el capítulo 5, «Consolidación y Proyección Internacional del Cine Ecuatoriano (2010-presente)», se analizará el auge del cine ecuatoriano en el ámbito internacional, el reconocimiento de producciones ecuatorianas en festivales y premiaciones, así como el impacto de la tecnología y las nuevas plataformas en la difusión del cine nacional. También se abordará el contexto social y político contemporáneo. Se incluyen referencias a producciones específicas y su impacto nacional e internacional.

1. ORÍGENES DEL CINE ECUATORIANO (1924-1970)

Un anuncio de prensa publicado el día jueves 7 de agosto de 1924, publicitó el estreno de la película *El tesoro de Atahualpa* (1924), del director ecuatoriano Augusto San Miguel en los teatros El Edén y Colón, al anuncio se acompañó del texto «La primera película nacional de argumento que se presenta en la pantalla de cine»[1]. Siendo esta la referencia bibliográfica de mayor antigüedad, se reconoce a Augusto San Miguel, como el primer director de cine de Ecuador y a su película *El tesoro de Atahualpa* (1924) como la primera película ecuatoriana (Orellana, 2018).

El primer registro documental del que se tiene conocimiento es de carácter etnográfico titulado *Los invencibles shuaras del alto Amazonas* (1926), que corresponde a las primeras filmaciones de los pueblos shuar de la amazonia ecuatoriana, recabadas por el sacerdote salesiano Carlos Crespi en el año de 1926. El sacerdote registró una serie de archivos cinematográficos en los que se visibilizó por primera vez a los pueblos indígenas amazónicos.

Las producciones *El tesoro de Atahualpa* (1924) y *Los invencibles shuaras del alto Amazonas* (1926) dieron inicio a la producción de ficción y documental en Ecuador, esto no significa que estas producciones dieron a conocer el cine como género, pues hasta esa fecha en las ciudades de Quito y Guayaquil ya se habían realizado proyecciones cinematográficas.

La llegada del científico Theodor Wolf a Ecuador en 1874 fue el evento que sentó las bases para el desarrollo de la cinematografía ecuatoriana (Granda, 2006). El gobierno conservador de Gabriel García Moreno, contrató a los científicos jesuitas Juan B. Menten, Luis Sodiro y Theodor Wolf[2], para ser profesores en las Escuelas Politécnicas de Quito y Guayaquil. Los científicos transportaron la primera linterna mágica considerada como el primer proyector de imagen (Subirats, 1997). Las imá-

· · · · · · · · · · · · · ·

1 Texto tomado de la nota de prensa del estreno de la película ecuatoriana *El tesoro de Atahualpa* (1924) del director Augusto San Miguel. Fuente: https://n9.cl/p4ca2

2 Theodor Wolf fue un naturalista, geólogo y botánico alemán que estudió las islas Galápagos a finales del siglo XIX. Nació en Bartholomä (Alemania) en 1841 y se unió a la Compañía de Jesús. Vivió en Ecuador, donde fue profesor de Geología y Mineralogía en la Escuela Politécnica Nacional de Quito y realizó una exploración geológica del país. Renunció a la Compañía de Jesús en 1874 por dudas sobre el dogmatismo del catolicismo y los límites de la ciencia, especialmente el darwinismo. Regresó a Alemania en 1891 y murió en Dresde en 1924. Wolf tuvo una relación indirecta con el cine, ya que fue el primero en proyectar imágenes en movimiento en Quito, usando una linterna mágica en sus clases de ciencias. Estas proyecciones fueron el antecedente de las primeras películas que se exhibieron en Guayaquil en 1899.

yenes proyectadas por Wolf fueron «cinco mil transparencias sobre la geografía y la geología de algunas ciudades de Europa. Esta es la primera experiencia que tiene un grupo selecto de estudiosos con un aparato de proyección óptica» (Loaiza Ruiz & Gil, 2015, p. 54).

La llegada de Wolf (1874) y la proyección de estas imágenes en Ecuador fue todo un acontecimiento:

> Estas vistas fueron proyectadas en la ciudad de Quito ante un escaso auditorio de notables, que escucharon, por primera ocasión, las teorías evolucionistas de Darwin. El chisme llegó a oídos del Arzobispo de Quito, quien calificó al científico como «anticatólico y disolvente», decretando su expulsión religiosa. Wolf se trasladó a Guayaquil (…). Posteriormente el presidente Antonio Borrero lo contrató como geólogo del Estado.
>
> (GRANDA, 1995, P. 12)

En 1901 se produjo «la primera exhibición cinematográfica pública, han pasado veintisiete años desde las proyecciones de Wolf. Seis años después de que el cine se constituyera como espectáculo público» (Loaiza Ruiz & Gil, 2015, p. 94).

El 7 de agosto de 1901 en la ciudad de Guayaquil, en la carpa ecuestre del mexicano Julio Quiroz, ubicada en las avenidas Olmedo de Guayaquil, hoy parte del casco colonial de la ciudad, se realizó la primera proyección pública de material cinematográfico que consistió en «treinta películas cortas o vistas» filmadas con el *quinetoscopio*, aparato de creación de Thomas Alba Edison en 1897 (Granda Noboa, 1986). El programa estuvo conformado por representaciones de distintos pasajes bíblicos y algunos fragmentos documentales, conocidos como «actualidades» (Loaiza Ruiz & Gil, 2015, p. 94).

En esa presentación se exhibieron las películas: *La pasión y muerte de nuestro señor Jesucristo; Los funerales de la Reina Victoria y la Última exposición de París en 1900* (De la Guerra Zúñiga, 2020). El diario *El Telégrafo* de la ciudad de Guayaquil el 7 de agosto de 1901, describía que «el programa se cumplió en tres funciones nocturnas proyectando diez vistas de cada una. Actuaba el "Centenario Lang" (quien tiene un enorme parecido a Jesús)…» (Granda, 1995, p. 16).

El desarrollo de producción cinematográfica ecuatoriana se da a la par de la Revolución Liberal, en este periodo se conecta la Costa con la

Sierra a través del ferrocarril y se expande el pensamiento liberal que da paso a la modernidad en Ecuador (Granda 1995). Por ser puerto las proyecciones cinematográficas llegaron al principio a Guayaquil, a Quito las muestras de cine llegaron a partir de 1903. El empresario Carlos Valenti Sorié y Piccione era un aficionado al cine y fue el responsable de introducir el cinematógrafo en Ecuador. Él compró un aparato Lumière y realizó una gira por Ecuador, proyectando películas en varias ciudades. Filmó algunas escenas de la vida cotidiana y de eventos históricos, como la llegada del tren a Quito. Sin embargo, sus películas se han perdido y no se conservan registros de ellas. La primera proyección que se presentó en Quito fue *La gran corrida de toros*, protagonizada en Madrid por el célebre torero Luis Mazzantini, el 24 de octubre de 1903, en el Teatro Olmedo (De la Guerra Zúñiga, 2020). Hacia 1906 registró las primeras filmaciones de Guayaquil (Granda Noboa, 1995).

> ...con su compañía itinerante. En la ciudad filmó y exhibió los primeros registros cinematográficos que se conocen en Ecuador, *Ejercicio del Cuerpo de Bomberos, Amago de incendio y Procesión del Corpus en Guayaquil*. En Quito, proyectó las películas *Vistas del Conservatorio Nacional de Música; y Festividades del 10 de agosto*
> (LOAIZA RUIZ & GIL, 2015, P. 54).

Jackson Encalada fue uno de los primeros exhibidores de películas en Ecuador, que llegó a Guayaquil en 1907 con un cinematógrafo. Se instaló de forma permanente y realizó exhibiciones en las ciudades de Quito y Guayaquil, con esto las proyecciones fueron cada vez más frecuentes. En el año de 1907 proyectó las películas *El Acorazado Asama SS; Combate naval de buques rusos y japoneses; La cleptomanía; Terremoto de San Francisco en 1906*, entre los más importantes (Romano Silva, 2013).

Los hermanos empresarios españoles Casajuana se establecieron el año de 1908 en la ciudad de Quito creando la empresa de proyecciones cinematográficas Casajuana. Incluyeron en sus proyecciones a músicos ecuatorianos, quienes se encargaron de sonorizar y musicalizar cada presentación. Proyectaron películas en el teatro Olmedo de Guayaquil y en otros lugares del país.

Julio Wickenhauser fue un ingeniero eléctrico alemán que llegó a Cuenca en 1906 y montó la primera sala de cine. Después se trasladó a

Guayaquil, donde construyó el cine Colón. En 1908 en la ciudad Quito, en el Teatro Sucre Julio Wickenhauser adaptó el escenario para crear un cine (Loaiza Ruiz & Gil, 2015). La culminación de la vía férrea que une a las ciudades de Quito y Guayaquil marcó un avance en la difusión del cinematógrafo en Quito.

En 1910 en Guayaquil Francisco Parra y Eduardo Rivas Orz constituyeron *Ambos Mundos,* la primera empresa productora y distribuidora de cine ecuatoriana. *Ambos Mundos* se constituyó como la primera distribuidora y productora ecuatoriana con un proyecto a largo plazo. Sus propietarios invirtieron en gramófonos y máquinas Pathé de última generación, editaron una revista que les sirvió para la difusión de su programación (León, 2011). Esta empresa cumplió el objetivo de la distribución y la producción nacional (Granda Noboa, 1995). Adaptaron una casa en la Avenida 9 de octubre en Guayaquil como sala de proyecciones, a esta sala se la nombró El Edén (Loaiza Ruiz & Gil, 2015), en ella además se estrenaron las primeras producciones de ficción realizadas en Ecuador.

Francisco Parra y Eduardo Rivas Orz realizaron varios registros fílmicos de eventos de actualidad como: *Recepción del excelentísimo señor Víctor Eastman Cox* (1911), *Los funerales del General Eloy Alfaro* o y *Parada militar en Guayaquil* (1913). *Ambos Mundos* introdujo en Ecuador el concepto de *film d'art*[3], entre sus proyectos decidieron trasladar su sala de proyecciones a la ciudad de Quito, teatro del Mejía, pues entre los planes que tenían constaba un proyecto de producción cinematográfica que se desarrollaría con el apoyo gubernamental del general Eloy Alfaro[4] (De la Guerra Zúñiga, 2020). El objetivo de este proyecto era atraer la inversión extranjera y promover la producción cinematográfica ecuatoriana. La caída del gobierno de Alfaro y su posterior asesinato frustraron el proyecto impulsado desde *Ambos Mundos* (Loaiza Ruiz & Gil, 2015, p. 56).

Las proyecciones cinematográficas se iban incrementando y con ellas la audiencia que asistía a las salas de cine. En el año 1914, Jorge

. . . .

3   El *film d'art*, nació del proyecto los hermanos Lafitte fundadores de la productora Film d'Art en 1908. Ellos introdujeron en el cine el valor de las estrellas como atractivo del público. Esta idea dio paso a la creación de personalidades en torno al cine. La idea era difundir la actuación de ciertos actores con el objetivo que sean admirados. https://euned.art.blog/2019/05/18/el-film-dart/

4   Eloy Alfaro fue líder de la Revolución Liberal y ocupó la presidencia ecuatoriana. Fue presidente de Ecuador en dos ocasiones, de 1895 a 1901 y de 1906 a 1911. Tuvo un papel central en las batallas de la Revolución Liberal y por haber combatido al conservadurismo por casi 30 años. Se le llamó como el *Viejo Luchador*. Fue derrocado en su segunda presidencia y exiliado del país. En 1912 fue apresado y asesinado junto con sus generales en Quito (Ayala Mora, 2020).

Cordovez Chiriboga fundó en Quito la Compañía de Cines. En la ciudad de Quito se construyeron e inauguraron cuatro nuevas salas de proyección: Variedades, Popular, Puerta del Sol y Royal Edén[5]. En las nuevas salas de cine se buscaba atraer mayor cantidad de público, se idearon algunas estrategias dirigidas a mujeres y niños. Se organizaban sorteos de entradas para nuevas funciones, artículos y equipos para el hogar, golosinas para los niños y libras esterlinas.

Se inauguró la sala de proyección cinematográfica Cinema del Hotel des Etrangers, de la que como parte de sus servicios, ofrecía el de bar a quienes asistían a las funciones (Loaiza Ruiz & Gil, 2015). Se inauguraron en Guayaquil nuevas salas destinadas a la proyección cinematográfica: Edén, Olmedo, Parisiana e Ideal (Montoya Meneses, 2014).

La película *Juan José* (1918) fue una de las primeras películas sonoras producidas en Ecuador, dirigida por Carlos Valenti Sorié y Piccione. Estaba basada en la obra de teatro homónima del escritor español Joaquín Dicenta, que narra la historia de un obrero que se enamora de la esposa de su patrón. La película se estrenó el 18 de agosto de 1918 en el teatro Edén de Guayaquil, con gran éxito de público y crítica. Se considera una obra pionera del cine social y realista en Ecuador. La obra original se dividía en tres actos. La adaptación cinematográfica estaba filmada en 24 partes y su producción fue auspiciada por la fábrica Royal. Actuó en ella la compañía Delgado Caro Campos, protagonizada por el actor español Juan José Linares y fue actriz principal la ecuatoriana Julia Delgado Caro (Galarza Neira, 2010).

La década de los años 20 del siglo XX se realizaron las primeras películas nacionales con argumento, alrededor de 50 producciones entre documentales y ficciones, a esta década se la denomina como la «pequeña edad de oro» (Granda Noboa, 1995, p. 62). La «pequeña edad de oro» del cine ecuatoriano fue un periodo en el que se produjeron varias películas de ficción y documental, inspiradas en la realidad social y cultural del país. El principal exponente de este periodo fue Augusto San Miguel. Otras películas destacadas de esta época fueron *La agonía de las rosas* (1927), *La hija del sol* (1928) o *El secreto de la abuela* (1929), todas dirigidas por San Miguel. La mayoría de estas películas se han perdido o deteriorado con el tiempo, y solo quedan algunos fragmentos o fotografías.

· · · · · · · · · · · · · ·

5 El teatro Variedades ha sido restaurado y funcionan hasta la actualidad como Teatro Variedades Ernesto Albán. Las edificaciones de los teatros Popular, Puerta del Sol y Royal-Edén aún existen, pero no han sido restauradas.

Sin embargo, su importancia histórica y cultural es innegable, ya que representan los primeros intentos de crear una narrativa cinematográfica propia y original en Ecuador.

La publicación periódica *Desde Hollywood* realizada por la agencia Asociate Press, llegó a Ecuador en 1920. Esta publicación recogía información sobre cine y reseñas de las nuevas producciones, su circulación era periódica y se distribuía los domingos (Borja Villavicencio & Torres Meza, 2015). El incremento en las proyecciones cinematográficas y las nuevas salas inauguradas en Quito y Guayaquil, hizo que diario *El Telégrafo* incluyera una sección en la que se comentaban las películas proyectadas y se publicitaban las nuevas proyecciones (Granda Noboa, 1995).

La empresa cinematográfica *Ambos Mundos* produjo en 1921 *Gráficos del Ecuador,* esta producción estaba conformada por una serie de grabaciones realizadas en diferentes puntos geográficos de Ecuador. Las grabaciones se realizaron con apoyo del gobierno, se buscaba registrar eventos históricos y políticos para promocionar al país. La producción *Gráficos del Ecuador,* incluyó los films: *Las honras a Eloy Alfaro* y *Panorama general de Guayaquil a vuelo de pájaro* (Gómez Semanate, 2014).

> Una de las primeras producciones ecuatorianas, que pretende ser algo más que un registro de imágenes, es un vacilante y adelantado documental «Las honras funerales del general Eloy Alfaro», producido por *Ambos Mundos* y *Rivas Films* que se estrenaría con gran impacto el 26 de diciembre de 1921, nueve años después del arrastre y quema del caudillo liberal en Quito. Ese film anuncia la vocación documentalista de nuestro cine.
> (SERRANO, 2001, P. 32).

A diferencia de las producciones realizadas en Hollywood, el cine ecuatoriano apostaba por generar producción, un proceso que el cine estadounidense ya había superado, y en la década de los años 20 se proyectaba como un cine en expansión colocando sus películas en mercados y salas de cine internacionales (Granda Noboa, 1986). En un afán de expansión de la producción, los realizadores ecuatorianos se inclinaron hacia la realización de producciones de carácter institucional.

En 1925, Manuel Ocaña, fundó la productora Ocaña Film a la que denominó como la *Petit Paramount*. Ocaña fue un ciudadano español especializado en cine documental. Cuando se radicó en Guayaquil ya tenía una trayectoria reconocida como productor y realizador cinematográfico en España y en Sudamérica (Loaiza Ruiz & Gil, 2015). En 1926 estrenó el documental *Olimpiadas de Riobamba* (1926) junto al *Match trágico de Tito Simón* (1926). Esta se convirtió en la primera cinta que registró competencias deportivas. En ella se filmó aproximadamente a 10.000 personas. Se grabó la entrada de las delegaciones y el público presente en el evento (Fonseca Duque, 2017). Ocaña Films, dio seguimiento a la gestión gubernamental de Isidro Ayora[6]. Las filmaciones realizadas por Ocaña Films tenían un carácter propagandístico y se buscaba informar sobre las obras del gobierno (Puig Peñalosa, 2021). Ocaña Films fue una empresa productora y distribuidora de cine en Ecuador. Ocaña Films produjo la primera película sonora rodada en Ecuador, *Se conocieron en Guayaquil* (1949). También produjo noticieros, documentales y películas de ficción. Ocaña Films fue una de las empresas más importantes del cine ecuatoriano, hasta su cierre en 1955.

El fortalecimiento que adquiere la cinematografía ecuatoriana durante la década de los años 20, hizo que las proyecciones se extendieran a otras ciudades de Ecuador. En la ciudad de Cuenca se firmaron los primeros documentales de carácter etnográfico e indigenista. Esas realizaciones fueron realizadas por el sacerdote salesiano Carlos Crespi, de nacionalidad italiana, que había realizado estudios de música e ingeniería hidráulica y tenía un doctorado en Ciencias Naturales (Loaiza Ruiz & Gil, 2015). Las grabaciones realizadas por Carlos Crespi fueron recabadas en sus viajes a la Amazonía, captaban la forma de vida y costumbres de las comunidades indígenas de la región. El material recopilado en Ecuador se proyectó en Turín, durante la exposición universal salesiana que se realizó en 1924 (Loaiza Ruiz & Gil, 2015).

> Los primeros registros cinematográficos son realistas no sólo por las cualidades de las imágenes en sí, sino por la decisión de los primeros autores en registrar, por ejemplo, la aglomeración de los obreros a la salida de la fábrica (hermanos Lumière). Más allá de que esta situación se prestaba para demostrar la capacidad de la cámara para captar el movimiento, hay en estas escenas una conciencia laborista, una intencionalidad política velada, implícita.
>
> (SERRANO, 2001: P. 44).

••••••••••••••

6   Isidro Ayora fue un médico y político ecuatoriano, que fue presidente de la República entre 1926 y 1931, y alcalde de Quito en 1925. Se destacó por su labor de modernización de la administración pública, la educación, la salud y la economía del país.

José Ignacio Bucheli fue un camarógrafo ecuatoriano que filmó algunos de los primeros documentales del país en la década de 1920. Entre sus obras se destacan *Las festividades del Centenario de la Independencia* (1922), filmada íntegramente en Quito, y *Sobre el Oriente ecuatoriano* (1926), que muestra la vida y costumbres de los habitantes de la Amazonía ecuatoriana. Bucheli trabajó junto con el italiano Carlo Bocaccio, que era el director y productor de las películas (Gavilondo Rodríguez & Palacio Ospina, 2016).

Actualidades Quiteñas (1922) fue una producción realizada a manera de documental por la empresa *Ecuador Film Co.*, en esta producción se registra la participación de los universitarios quiteño en la una fiesta de carnaval. Se realizaron tomas en las que aparecía el presidente de la República Gonzalo Córdova (De la Guerra Zúñiga, 2020).

Considerada la primera película de ficción ecuatoriana, *El Tesoro de Atahualpa*[7] se estrenó en 1924, es considerada como la primera película de ficción ecuatoriana, debido a que es la primera película que tuvo un estreno y se proyectó en las salas de cine de Ecuador. Esta cinta la produjo Augusto San Miguel[8] y la dirigió el chileno Roberto Saá Silva. La película narra las aventuras de un joven médico (interpretado por San Miguel), a quien recibe el mapa en el que se encuentra la ubicación del tesoro que perteneció al último emperador Inca, Atahualpa (Cinemateca Nacional Ecuador, 2017). Se considera que *El tesoro de Atahualpa* es el primer film ecuatoriano. No obstante, existen grabaciones previas hechas en Ecuador, específicamente el registro fílmico de Miguel Ángel Álvarez, recopilado entre 1922 y 1935 (Orellana, 2018, p. 70).

El Tesoro de Atahualpa (1924) se exhibió el 7 de agosto de 1924, convirtiéndose en la primera de varias producciones de la empresa Ecuador Film Co., propiedad de Augusto San Miguel. En esta cinta actuó la

· · · · · · · · · · · · · · ·

7 De familia acaudalada, Augusto San Miguel Reese nació en Guayaquil el 2 de diciembre 1905. En 1924, a los 19 años, San Miguel importó de Europa todo el equipo necesario para producir cine, fundando y financiando la Ecuador Film Co. Filmó varias películas con un fuerte trasfondo social y político, crítica en sus cintas a los grupos de poder político y económico ecuatorianos. El discurso desafiante de sus cintas no fue aceptado en la época. Esto sumado a los altos de costos de producción y a la falta de retorno en taquilla, debido a la competencia con films estadounidenses, llevaron al cierre de la Ecuador Film Co. Tras el cierre de su empresa Augusto de San Miguel viajó por Europa y América Latina. El día 6 de noviembre de 1937, a la edad de 32 años, murió en el Hospital General de Beneficencia de Guayaquil. Murió en la pobreza después de invertir toda la fortuna de su familia en la creación cinematográfica (Báez Meza, 2020).

8 *El Tesoro de Atahualpa* narra la historia de Jaime García, joven que estudia medicina a quien un indígena viejo en gratitud por ayudarlo le explica cómo llegar al Tesoro de Atahualpa y le confía planos y señales para encontrar el tesoro. El joven emprende la búsqueda de tesoro que lo lleva a una serie de aventuras. En el desenlace de la historia toda la huella del tesoro se perdió (Alava Cornejo, 2019).

actriz Evelina Macías cuyo nombre artístico es Evelina Orellana o Evelina Nayoor, «la película de Saa Silva y San Miguel se perdió con el paso del tiempo, quedando como única evidencia de su existencia recortes de los periódicos de la época» (Orellana, 2018, p. 71).

Augusto San Miguel importó el equipo de cine para realización cinematográfica de Europa, y se asoció con el actor italiano Carlo Bocacio, juntos fundaron la *Arts Film* también conocida como *Teatro Ecuatoriano del Silencio* (Moncada Villacrés, 2019). Esta empresa se constituyó con el objetivo de ser además de una productora cinematográfica, una academia de formación de actores mímicos. La Escuela duró el tiempo que Augusto San Miguel se dedicó a la producción cinematográfica, entre los años 1923 y 1925 (Granda Noboa, 2006).

> El siglo pasado, la década de los 20 es la época más productiva en cuanto al cine se refiere, se empiezan a realizar las primeras ficciones, Augusto San Miguel de la empresa Ecuador Film Co. es quien entrenan los primero largometrajes nacionales cuyas temáticas están atravesadas por la denuncia y la lucha política, así se realizan varias películas argumentales: «El tesoro de Atahualpa» en 1924, «Se necesita una guagua» en 1924 y en 1925 «Un abismo y dos almas» y «El desastre de la vía férrea», que son ícono del inicio de la ficción cinematográfica. (GRANDA NOBOA, 2006, P. 23).

En 1924 Ecuador Film Co., filmó la que se considera como la primera comedia ecuatoriana, nombrada *Se necesita una guagua*[9], hace un relato a manera de parodia del intento frustrado de revolución conservadora, para la que se mandó reclutar a mujeres indígenas para que colaborasen en los levantamientos. Las mujeres indígenas llevaban a sus *guaguas* cargadas en la espalda. Se filmó en las calles de lo que hoy es el centro histórico de la ciudad de Quito (Mite Basurto, 2022). Era una sátira contra el Coronel Juan Manuel Lasso Ascázubi, quien apelando al fraude electoral que según él fue realizado por el gobierno para favorecer al candidato oficialista Gonzalo S. Córdova, este evento resultó en una insurrección encabezada por Jacinto Jijón y Caamaño que culminó en el combate de San José de Ambi cerca de Otavalo, el 12 de septiembre de

· · · · · · · · · · · · · · ·

9 «Guagua» es un término derivado del quichua utilizado en Ecuador para referirse a los niños pequeños que son cargados en brazos (Castro Vivas, 2021).

1924, cuando los revolucionarios se desbandaron sin presentar resistencia (Mite Basurto, 2022). Fue interpretada por Germán Lince Sotomayor, Humberto Dorado Pólit, Mélida Vizuete, Hilda Vizuete, Lucrecia Bosch, Félix Valencia y otros integrantes del Centro Cultural Félix Valencia.

Esta película se convirtió en la parodia de un intento frustrado de revolución conservadora. «Una sanción a los hacendados desalmados que maltratan a los indios» (Granda Noboa, 2006, p. 25), fue la frase con la que se promocionó *Un abismo y dos almas*[10] (1925) que se estrenó el 7 de marzo de 1925, una producción de Ecuador Film Co. La trama de la película intentó visibilizar el maltrato que sufrían los indígenas por parte de sus patrones. La temática de la película fue bastante controversial y generó descontento entre los hacendados de la sierra ecuatoriana, hacia una referencia directa a ellos, pues se tuvo como escenario varias haciendas de la región interandina (Zamorano Villarreal, 2018).

Los actores que participaron en ella fueron Aracely Rey, Erick Van Den Enden, Humberto Forjado Polit y Augusto San Miguel que fue quien dio vida al personaje del indio Juan. San Miguel fue el director, guionista y productor del film (Granda Noboa, 2006). *Un abismo y dos almas* (1925) narra la historia del indio Juan, que luego de ser maltratado y golpeado por su patrón decide revelarse y acuchillarlo (Tomaselli, 2016).

La historia del cine en Ecuador se origina el 7 de agosto de 1924 con el estreno del largometraje *El tesoro de Atahualpa*, dirigido por el guayaquileño Augusto San Miguel. (…) El acceso limitado a la tecnología siempre ha significado un atraso en el desarrollo del Ecuador. Mientras en 1927 en Estados Unidos triunfaba el primer musical *El cantante de Jazz*, en Ecuador la dificultad para acoplar el sonido a las películas frenó la evolución del cine, que se vio obligado a restringirse a temas documentales hasta la década de los 80', que marcó el regreso a la producción de largometrajes.

(OSORIO, 2014).

El diario *El Comercio* de la ciudad de Quito, se refirió a la película de San Miguel *Un abismo y dos almas* (1925) como, «Una nueva demostración del progreso artístico nacional... estreno de la tragedia de cos-

· · · · · · · · · · · · · ·

10 Esta obra como una sanción para los hacendados que tratan a los indios como animales, irrespetando sus derechos, maltratándolos físicamente y humillándolos.

tumbre nacionales, basada en la triste odisea de un indio, campesino, sufrido, bueno y humilde, víctima de la humana explotación desenfrenada», esta publicación realizada el 2 de marzo de 1925, hace que la crítica considere que el mensaje de la película tenía un contexto indigenista de denuncia social. El contenido presentado en la película generó el rechazo de los hacendados. Esto resultó que las proyecciones no contasen con el público esperado. Está fue la última producción realizada por San Miguel, pues la inversión que realizaba en sus producciones no se reflejaba en la taquilla (Gumucio Dagron, 2014).

La Ecuador Film Co., estrenó el 20 de abril de 1925, en el teatro Edén de Guayaquil, su última filmación, *El Desastre de la Vía Férrea* (1925). Esta producción mostró el desbordamiento de los ríos sobre la vía férrea que unía las ciudades de Guayaquil y Quito debido a las lluvias. Se filmó con cámara en mano a manera de reportaje (Loaiza Ruiz & Gil, 2015). Fue dirigida por el italiano Carlo Bocaccio y filmada por José Ignacio Bucheli.

Los riesgos y escenas espectaculares fueron una novedad en el cine ecuatoriano. La publicidad que se usó para atraer al público decía: La verdad sobre el desastre de la línea férrea la conocerá hoy. En un esfuerzo cumbre se demuestra los ecuatorianos la verdadera situación del país. La desgracia ha dejado caer sobre nosotros todo su poder destructor, pero contra esa fatalidad, se levanta altiva y pletórica de vida, de energía y de fe, la virilidad y patriotismo ecuatoriano. Exhibiciones permanentes a las 5 y media y 6 y media, nueve, diez y once de la noche.

(LOAIZA RUIZ & GIL, 2015. P. 56).

Los viajes realizados por el sacerdote Carlos Crespi Croci al oriente ecuatoriano le permitieron recopilar imágenes de lo que se considera el primer documental indigenista ecuatoriano: *Los invencibles shuaras del alto Amazonas* (1926). Este trabajo y las filmaciones posteriores de Crespi generaron curiosidad en los espectadores. Se mostraba una realidad ajena y hasta ese momento desconocida para los ecuatorianos (Torres-Toukoumidis & Almeida-Guerrero, 2019). La visión del sacerdote misionero se evidencia en las películas de Crespi, estas imágenes son: «manifestaciones de los imaginarios y las estructuras sociales» (Camas Baena, 2016. p. 306). Para Crespi, su película fue realizada con el objetivo de «producir una representación del indio shuar que lo convirtiera en sujeto de las políticas del Estado y de la Iglesia» (León Mantilla, 2010, p. 105). La producción de Crespi se estrenó en el *Teatro Sucre* de la ciudad de Quito, el año de 1927 con la presencia del presidente de Ecuador, Isidro Ayora y se estrenó el 26 de febrero de 1927 en el teatro Edén de Guayaquil (Loaiza Ruiz & Gil, 2015).

Carlo Bocaccio[11] y el camarógrafo José Ignacio Bucheli filmaron el documental *Sobre el Oriente Ecuatoriano* (1926), «copiando el natural de la vida de sus pobladores y sus extraños quehaceres» (Granda Noboa, 2006). El año de 1927 se fundó en Guayaquil Ecuador Sono Films (Navitski, 2017). Con apoyo de Guayaquil Films Co., empresa que fue gerenciada por Emilio López Mosquera, Carlo Bocaccio, dirigió y presentó su película muda *Poema nacional, Soledad* (1925) con guion de Rodrigo Chávez Gonzaléz, cámara de Rodrigo Bucheli. La actriz principal era Evelina Macías (Borja Villavicencio & Torres Meza, 2015). La película contaba la historia de una mujer que sufría por el abandono de su esposo y la muerte de su hijo. La película, como tantas otras de esta época, se ha perdido y no se conservan copias de ella.

En 1928 Ocaña Film inició la producción de *El Noticiero n.° 1*, «un informativo de cine mudo producido por Manuel Ocaña y auspiciado por Isidro Ayora» (Loaiza Ruiz & Gil, 2015. p. 56). *Ecuador Noticiero Ocaña Film* tenía una duración de 28 minutos, se filmó en formato de revista y se produjo hasta 1931. Es la primera producción ecuatoriana realizada de forma continua que tiene un carácter propagandístico gubernamental (Puig Peñalosa, 2021). En su primer episodio se mostró imágenes del saludo del cuerpo diplomático al presidente ecuatoriano Isidro Ayora.

> Se muestran imágenes de la toma de posesión presidencial de Isidro Ayora, el 17 de abril de 1929. Asimismo, aparecen obras y acciones realizadas por su gobierno; por ejemplo, la inclusión de la mujer en la educación secundaria, el aporte a la Cruz Roja o la inmersión de los niños indígenas en el estudio.
> (LOAIZA RUIZ & GIL, 2015, P. 57).

· · · · · · · · · · · · · · ·

11   Carlo Bocaccio nació en Italia alrededor de 1902. Migró a Ecuador donde desarrolló su pasión por el cine. Es un personaje fundamental para cine ecuatoriano, por su trabajo en la formación de actores para el cine mudo, sus aportes a Augusto San Miguel y su colaboración con el sacerdote Carlos Crespi en el oriente amazónico. Fundó en Guayaquil, junto a Augusto San Miguel, la Academia *Arts Films*. Invirtió sus ahorros en la producción cinematográfica sin mucho rédito (Pagnotta, 2017).

Su primera proyección fue un partido de fútbol jugado entre Ecuador y Perú, los promocionales de la proyección van acompañados del texto:

¿Derrotó el Perú en verdad por once goles a cero al Ecuador? Esta es la pregunta que circula de boca en boca por todo el país y muchos son los que dudan de una verdad tan clara como la luz del día, pero si alguien insiste en dudar puede asistir pasado mañana al Teatro Olmedo, al estreno de FBC de Lima versus Rocafuerte. Allí podrá ver al público llegando al Estado Municipal. Entra al fiel el equipo peruano dando las hurras de estilo. Llega el equipo local Rocafuerte. Los capitanes de ambos equipos. El Señor ministro de Deportes y el Cónsul de Perú en Guayaquil saludando a los equipos. El Entrenador del equipo Berdioka y el cronista deportivo de *El Telégrafo*. El señor ministro de Deportes dando el kick off. Diversas fases del match que ganó el equipo visitante por 11 goles a 0. Durante el vuelo militar sobre el estadio un avión de la Escuela Militar se ve obligado a aterrizar forzosamente. Estado en el que quedó el aparato con el tren de aterrizaje destrozado, habiendo resultado ileso su piloto el señor Luis A. Mantilla.

(GRANDA NOBOA, 2006).

En 1928 el chileno Alberto Pérez Santana, representante de la empresa cinematográfica Valk film, realizó en Ecuador varias producciones para la empresa guayaquileña Olmedo film: *Una visita a la ciudad ecuatoriana de Guayaquil y Chimborazo* (1928). Intentó, aunque sin éxito, grabar por primera vez en Ecuador registros sonoros con las producciones: *Bajo el cielo ecuatoriano* (1928) era un documental que mostraba las bellezas naturales y culturales del país. *El pasillo vale un millón* (1928) era una comedia musical que homenajeaba al género musical típico de Ecuador. Ambas películas se consideran obras pioneras del cine sonoro en Sudamérica. Durante los años 1928 y 1966, dirigió, produjo, hizo de cámara y fue guionista de varios largometrajes, tanto de películas de cine silente como sonoro en Ecuador y Latinoamérica. La última producción que realizó en Ecuador fue *Nace un campeón* (1965) (Gavilanes Tamayo, 2017).

Un viaje por Manabí (1929) y *Terror de la frontera* (1929) son dos producciones realizadas en 1929, tienen en común que cada una representa un género que no se había producido hasta el momento en Ecuador. *Un viaje por Manabí* dirigida por Rodrigo Chávez González recorrió la provincia de Manabí recogiendo imágenes de su geografía y su gente. Este se considera el primer documental turístico ecuatoriano, en este documental se presentaron imágenes de Doña Manuela Alfaro, hermana del General Eloy Alfaro (Gavilanes Macías, 2020). *Terror de la frontera*, realizada por los ambateños Luis Martínez Quirola (como director) y Enrique Holguín Chacón (como guionista), quienes tomaron como referentes a los westerns estadounidenses. Con este film «cimentarían las bases del cine local por lo que se les puede considerar como artífices del "Primer boom del cine ecuatoriano"» (Orellana, 2018, p. 71). La historia gira en torno a las disputas amorosas y de poder. Como dato curioso podemos encontrar que en esta cinta se da una mezcla de imágenes inéditas mezcladas con imágenes sacadas de los films estadounidenses (Cuarterolo, 2017). La imagen del cowboy o vaquero caló en el público ecuatoriano, se consideró un arquetipo de libertad y heroísmo nuevo en las producciones ecuatorianas (Loaiza Ruiz & Gil, 2015, p. 57).

Durante los años 20 la producción cinematográfica ecuatoriana tuvo una evolución constante. Se cimentaron las bases de la cinematografía ecuatoriana, se contabilizan aproximadamente 50 películas entre documentales y películas de ficción. Finalizada esta década la actividad cinematográfica en Ecuador se empezó a frenar generándose una producción que resulta bastante escasa, este periodo lento de producción se extendió durante los siguientes 50 años (Orellana, 2018, p. 71).

Iniciados los años 30 se registraron en Ecuador nuevas producciones cinematográficas, aunque en comparación con los últimos 10 años, su crecimiento fue bastante limitado. Causa de este retroceso en el avance de la producción cinematografía se debe a los costos de producción, la crisis mundial de 1929 y «la dificultad en el acceso a la mejor tecnología, sobre todo de efectos especiales» (De la Guerra Zúñiga, 2020, p. 69). Durante los años siguientes la producción cinematográfica dio fuerza al documental, dejando de lado la ficción. Se volvió a las producciones etnográficas. Un ejemplo de esto serán las producciones de «Rolf Blomberg sobre los pueblos indígenas de la Amazonía especialmente entre los años cincuenta y sesenta» (Camas Baena, 2016, p. 307).

La Divina Canción (1931) e *Incendio* (1931) son dos películas ecuatorianas que se consideran las primeras obras del cine sonoro en Ecuador del cineasta chileno Alberto Santana. Fueron dirigidas por Alberto Santana y producidas por los Estudios y Laboratorios Cinematográficos Ecuatorianos, empresa de Francisco Diumenjo (Alemán, 2003). *La Divina*

Canción (1931) es un drama que cuenta la trágica vida de una joven que debido a la enfermedad de su madre se ve obligada a prostituirse para ayudarla. Su novio al enterarse la abandona. Esto la sume en la tristeza y termina suicidándose. Mientras que *Incendio* (1931) es una película de acción que describe una serie de tragedias que se producen en Guayaquil y muestra el heroísmo de sus bomberos. Ambas películas utilizaron la técnica de la «sonorización en vivo», es decir, la interpretación de canciones y textos simultáneamente a la proyección de las imágenes. Destacados músicos interpretaron en vivo la pista original de discos fonográficos. Estas películas fueron un éxito de público y crítica, y marcaron el inicio de la era del cine sonoro en Ecuador.

La producción de *Incendio* (1931) se filmó con varias cámaras, algo que no era común en la época. Otro detalle es el nivel tecnológico que se utilizó, se recrearon las escenas de los incendios a partir de efectos especiales y pirotecnia, resultando algo innovador para la época. Para el rodaje se convocó a 2.000 extras, además de los bomberos de la ciudad. En este rodaje colaboró Werner Hundhausen, fotógrafo de la casa Agfa de Berlín. Las actuaciones principales son de Zoila Luz Arizaga y Santiago Campodónico (Alarcón Obando, 2014). Esta podría considerarse como la producción más grande realizada en Ecuador hasta ese momento, debido a la tecnología utilizada y al montaje escenográfico y de actores.

Durante la década de los 30 y 40, en Ecuador se intentó mantener la producción cinematográfica, pero la falta de tecnología y los presupuestos limitados llevó a los productores a realizar producciones documentales. Durante la década de los 30, como reflejo de la producción cinematográfica latinoamericana, se realizó el melodrama costumbrista *Guayaquil de mis amores* (1930), historia de carácter dramático que relata una traición amorosa, se escoge como parte de las localizaciones los lugares más representativos de Guayaquil. Producida por Ecuador Sono Films y dirigida por Francisco Diumenjo. Esta cinta destaca por su prolija fotografía y por ser la primera película con doblaje en vivo (Granda Noboa, 1995).

Guayaquil de mis amores (1930) tuvo una acogida masiva del público, por lo que se escogió para este film una serie de canciones que se compilan en un disco auspiciado por sello Columbia y grabado por Enrique Ibáñez Mora y Nicasio Safadi. Durante las proyecciones un grupo de músicos interpretaban en vivo las canciones del disco (Vargas Sánchez, 2019).

Al igual que *Guayaquil de mis amores* (1930), para esta cinta se creó una banda sonora original y las proyecciones de esta cinta se acompañaron por un grupo de músicos que tocaban en vivo. La música la compuso Nicasio Safadi con letra de Leopoldo Mariné. En sus presentaciones Enrique Ibáñez Mora cantó en vivo para ambientar algunas de las escenas (García Ronquillo, 2019).

Para 1930 se instalaron los equipos para la proyección de películas parlantes en el teatro Edén, que en ese momento era el que tenía mayor capacidad en la ciudad de Guayaquil. Para este trabajo la empresa Olmedo contrata al ingeniero electricista Jerome Kleker (Burbano, Giler & Solano, 2010).

A partir de 1931 las producciones cinematográficas ecuatorianas se redujeron significativamente. En 1932 el escritor ecuatoriano Pablo Palacio junto con Luis Alberto Sánchez, escritor y posterior vicepresidente del Perú, iniciaron un proyecto de distribución de películas alemanas para ser proyectadas en Ecuador (Granda Noboa, 1995).

En el año 1933 se inauguró en Quito el Teatro Bolívar, que se convertirá en el más grande de la ciudad con capacidad para 2.300 espectadores. Para este evento se estrenó el film, *El Signo de la Cruz* (1932), melodrama producido en los Estados Unidos por la empresa Paramount Pictures. A este evento asistieron las principales autoridades de Ecuador (Echeverría, 2020).

Carlos Endara, cineasta ibarreño, exhibió una serie de filmaciones realizadas en el trayecto del tren que iba de Quito a Guayaquil. Su proyección la realizó en el Teatro Bolívar en una función privada titulada *De Guayaquil a Quito* (1933). Sus proyecciones buscaban mostrar la cara urbanística de las ciudades ecuatorianas, el turismo y la industria. Buscaba mostrar una imagen que complementasen a la captada en los documentales etnográficos de la década anterior (Schlenker, 2019).

La construcción del Teatro Cine Capitol en Quito, ubicado en los límites del centro histórico de la ciudad, se inició en 1934. El teatro funcionó como sala de cine durante varios años. Es considerado como un monumento emblemático de Quito. En el año 2016 tras una reconstrucción volvió a funcionar (Borja Villavicencio & Torres Meza, 2015).

El sueco Rodolf Blomber retomó la producción cinematográfica en Ecuador, auspiciado por la televisión sueca, Swenks Filmindustry filmó *Vikingos en las Islas de las tortugas galápagos* (1936) y filmó en el oriente ecuatoriano *Los cazadores de cabezas* (1937) (Quelal Moncayo, 2015).

Con su cámara y su voz narrativa, Blomberg ilustró con claridad una dimensión del indigenismo que con demasiada ligereza suele pasarse por alto: la interculturalidad. El indigenismo es, ante todo, un gesto intercultural desde la ciudad letrada. En este sentido, Blomberg sería el precursor del cine indigenista filmado en Ecuador. En el empeño por la construcción del otro, la cultura urbana europeizada se propone reconocerlo, asignándole una identidad siempre contradictoria, que la intelectualidad kichwa suele rechazar por considerarla ajena y hasta falsa (Luzuriaga, 2021, p. 8).

El 7 de noviembre de 1937, y habiendo perdido toda su fortuna tras perseguir su pasión por la cinematografía, muere en la ciudad de Quito, Augusto San Miguel Reeze, reconocido como el primer cineasta ecuatoriano (Calvo, 2007). La muerte de Augusto San Miguel es un misterio que ha intrigado a muchos. Según algunas fuentes, San Miguel murió de una sobredosis de morfina, que le fue suministrada por un médico amigo suyo. Otras versiones apuntan a que se suicidó, debido a la depresión que le causó la pérdida de su fortuna y de sus películas, que nunca fueron encontradas. Lo cierto es que San Miguel fue enterrado en el Cementerio de San Diego, en Quito, sin ningún tipo de homenaje ni reconocimiento. Su tumba permanece olvidada y abandonada, y se dice que junto a sus restos mortales reposan los rollos de sus películas, que nunca vieron la luz.

El chileno Alberto Santana en 1937 emprendió en un nuevo intento de realizar un film sonoro en Ecuador, titulado *El pasillo vale un millón*. Su propuesta quedaría en proyecto. No tuvo los recursos económicos y no llegó a filmar la cinta. El producir cine en Ecuador se volvía una tarea cada vez más difícil, debido a los altos costos de los materiales y de los equipos técnicos. Las películas de ficción de las grandes productoras estadounidense se proyectaban con mayor regularidad en las salas de cine ecuatorianas (Trabucco, 2014).

En un principio fue el cine extranjero, sobre todo el realizado por la productora norteamericana Paramount, el que acaparó las pantallas ecuatorianas con sus películas sonoras. A pesar de los intentos de los cineastas ecuatorianos de contrarrestar el predominio de las producciones extranjeras, durante dos décadas la producción nacional no consiguió competir con la extranjera. No va a ocurrir lo mismo con los documentales. Si la producción de largometrajes de ficción se redujo en estos años, la de documentales va a repuntar (Loaiza Ruiz & Gil, 2015, p. 57).

A partir de la década de los 40 la producción cinematográfica ecuatoriana se centró en producciones auspiciadas por instituciones gubernamentales o privadas. Se produjeron películas en México en las que colaboraron actores y cineastas ecuatorianos. Dentro de estos films en 1940 se proyectó el documental: *Nuestras víctimas al desnudo* (1940), dirigido por Alberto Santana. Auspiciado por el Doctor Leopoldo Izquieta Pérez[12], el film tenía como objetivo la educación y prevención de las enfermedades venéreas. La película fue censurada por el gobierno de Carlos Alberto Arroyo del Río, y solo se exhibió en algunos cines de Guayaquil y Quito. La película es considerada una obra pionera y valiente, que denunció una realidad social oculta y estigmatizada. También es un testimonio histórico de la vida urbana y rural de Ecuador en los años cuarenta (Trabucco, 2014).

El que la traga la paga (1943) se produjo en México. Realizado por el ventrílocuo ecuatoriano Edmundo Hernández Jijón, conocido como Paco Miller, filmado en 8 milímetros, tiene como único actor al cómico mexicano German Valdés, alias Tin Tan (Granda Noboa, 2006). Es un cortometraje cómico que narra las aventuras de un vendedor ambulante y su ayudante, que se ven envueltos en una serie de enredos y situaciones absurdas. La película es una parodia de la vida cotidiana de la época, y tiene un tono humorístico y satírico.

En 1946 se produjeron los cortos publicitarios *Turismo en Ecuador* (1946) y *Ferrocarriles Nacionales* (1946), realizados por Marco Tulio Lizaraso y los hermanos Acevedo de Colombia (Galindo Cardona, 2018). Los cortos mostraban diversos paisajes, ciudades, monumentos, costumbres y actividades de Ecuador, así como las ventajas y beneficios de viajar en el tren ecuatoriano. Los cortos se proyectaban antes de las películas comerciales de largometraje.

El ecuatoriano Enrique Troya filmó *La Feria Agropecuaria en Riobamba* (1946). Es un cortometraje documental que muestra el evento que se celebraba cada año en la ciudad de Riobamba, donde se exhibían y vendían productos agrícolas y ganaderos de la región. El film es una muestra del cine etnográfico y educativo que se produjo en Ecuador.

• • • • • • • • • • • • • •

12   Leopoldo Izquieta Pérez nació en 1879 en Guayaquil. Obtuvo el título de doctor en 1905. En 1938 impulsó la creación de un instituto nacional de higiene, cuya finalidad sería la de controlar los productos médicos y de laboratorios en Ecuador. En 1939 se inició la edificación del Instituto Nacional de Higiene. En 1941 se promulgó la Ley de Creación del Instituto Nacional de Higiene, que tendría fines científicos, sanitarios, educacionales y comerciales (Amador, 1959).

En 1947 el sueco Rolf Blomberg retomó la producción de documentales etnográficos. Presentó *Huaoranis, Cofanes y Shuaras en la región oriental* (1948) que muestra la vida y las costumbres de estos tres pueblos indígenas de la Amazonía ecuatoriana, así como los paisajes y la biodiversidad de la zona. El film es una obra de valor antropológico y ecológico, que refleja el interés de Blomberg por las culturas y la naturaleza de Ecuador.

Basado en la novela del escritor ecuatoriano Alfredo Pareja Diezcanseco, se estrenó en Quito el filme argentino *Las tres ratas* (1946). La película fue dirigida por Carlos Schlieper, y protagonizada por Amelia Bence, Mecha Ortiz y María Duval, como las tres hermanas que quedan huérfanas y deben enfrentarse a la dura realidad. La película fue un éxito de crítica y público, y recibió el premio Cóndor de Plata a la mejor película argentina de 1946.

En 1949, Ecuador Sono Films produjo la primera película sonora rodada en Ecuador, *Se conocieron en Guayaquil* (1949) del director y productor Alberto Santana. Se realizó un concurso para la selección de actores. Los protagonistas fueron Antonio Arboleda, Charny Dager, Olga Eljuri, Carmen Rivas y Luchita Villar. El filme que cuenta la historia de un joven soldado ecuatoriano que combate en la Segunda Guerra Mundial que regresa a Guayaquil. Presenta un drama en el que el protagonista debe adaptarse a su vida fuera del ejército. Este año Ecuador Sono Films estrenó el noticiero *Democracia en Latinoamérica* en el Teatro Capitol (Loaiza Ruiz & Gil, 2015). La película se convirtió en un éxito comercial sin precedentes, basando su publicidad en destacar la nacionalidad ecuatoriana de la obra. Santana hizo después un segundo largometraje, *Amanecer en el Pichincha* (1950) protagonizada por Paul Feret, Martha Jácome y Salomón Rosero. La película es un drama histórico que recrea la Batalla de Pichincha, que selló la independencia de Ecuador (Orozco, 2007; Tomalá Arce, 2018).

Con el auspicio de la presidencia de la República de Ecuador en 1950, se realizaron las cintas de promoción turística: *Extraña fauna de las islas Galápagos* (1950); *Sombreros de Panamá hechos en Ecuador* (1950); *Selvas Tropicales el Ecuador* (1950); *Imbabura, la región más bella del Ecuador* (1950); *Explotaciones petroleras en el Oriente* (1950); y *Quito ciudad de contrastes* (1950).

Se exhibió el noticiero *Quito gran ciudad en marcha* (1948), de Ecuador Sono Films. Cuatro años más tarde, el periodista cuencano, Agustín Cuesta, filmó una serie de documentales/reportajes en 1955 sobre las más importantes ciudades ecuatorianas: *Cuenca en colores, Ambato en colores, Quito en colores, Riobamba en colores,* etc. (Loaiza Ruiz & Gil, 2015, p. 57).

El escritor Demetrio Aguilera Malta[13] estrenó en 1955 los documentales: *Los Salasacas, Los Colorados, Ecuador en Marcha, Exposición de artesanías y Exposición de instrumentos musicales.* Dirigió y guionizó en Chile el largometraje *La cadena infinita,* en el recrea la migración europea a América (Pareja Diezcanseco, 1988). En Brasil se proyectó como *O pecado dos otros.* Fundó Arco Iris Film con la que dirigió y produjo *Entre dos carnavales* (1950). De estos años podemos destacar films como: *La filmación en Quito una marcha de protesta en favor de la Reforma Agraria,* de Santiago Álvarez en 1951. Las imágenes formaban parte del noticiero latinoamericano del ICAICE. En Colombia realizó *Dos ángeles y medio* (1957) denunciando la situación de los *gamines* (niños que viven en la calle) (Granda Noboa, 2006).

En 1956 se estrenó la película turística *Un viaje a Galápagos* (1956), del cineasta argentino Gabriel Tramontana, muestra las maravillas naturales y culturales de las islas Galápagos. La película fue producida por el Instituto Nacional de Cinematografía de Argentina, con el apoyo del gobierno ecuatoriano, y fue exhibida en varios festivales internacionales. *Un viaje a Galápagos* (1956) es considerada una de las primeras obras audiovisuales que difundieron la riqueza ecológica y el valor científico de este archipiélago. Entre 1959 y 1960, Tramnotana realizó una seria de filmaciones en las que destacó la obra pública del gobierno de Camilo Ponce Enríquez. Realizó el documental *Cómo se hace la mejor cerveza,* que explica el proceso de elaboración de la cerveza Pilsener, una de las más populares de Ecuador.

Se estrenó el film *Mariana de Jesús, la azucena de Quito* (1959), dirigida por Paco Villar y producida por Equinoccio films. *Mariana de Jesús, la azucena de Quito* (1959) es una película biográfica que narra la vida de santa Mariana de Jesús Paredes, la primera santa ecuatoriana y patrona de Quito. La película fue protagonizada por María Eugenia Lasso, Pilar Salvador y Francisco Tobar, y se estrenó en 1959 en el Teatro Nacional Sucre de Quito. La película recibió el apoyo del gobierno ecuatoriano y de la Iglesia Católica, y fue elogiada por su calidad artística y su mensaje

· · · · · · · · · · · · · · ·

13 Demetrio Aguilera Malta (1906-1981) fue un escritor, cineasta, pintor y diplomático ecuatoriano. En su obra literaria relata la realidad de la vida del pueblo montubio (campesinos de la costa ecuatoriana) y su cultura (Fama & Aguilera-Malta, 1978).

religioso. La película también muestra algunos de los milagros atribuidos a santa Mariana, como el de haber ofrecido su vida para que cesaran los terremotos que amenazaban a Quito en 1645.

En 1961, auspiciado por el Ministerio de Educación e Industria Fílmica Ecuatoriana, se filmó: *Los Guambras* (1961), de Jaime Corral Valdez, que dirige y guioniza (Sitnisky, 2017). Muestra el viaje de tres niños de diferentes regiones del Ecuador para obtener una beca de estudios. Se estrenó en el Teatro Nacional Sucre de Quito. *Los Guambras* (1961) es considerada una obra pionera del cine social ecuatoriano, que refleja la diversidad cultural y geográfica del país, así como los problemas de la educación y la pobreza.

A partir de 1961 se buscaba incentivar la producción cinematográfica que hasta ese momento se limitaba a unos pocos films y a documentales de carácter gubernamental. En 1964 se fundó el Cine Club Cultural en Quito y en los años posteriores se realizaron concursos de cortos de ficción y documentales (Castillo Mantuano, 2020). La situación política en Ecuador generó cambios en la estructura del Estado.

Ecuador enfrenta en esta etapa un conjunto de cambios sociales clave, las leyes de reforma agraria de 1964 y 1973 terminaron con las relaciones de trabajo obligatorio de los campesinos indígenas en la Sierra y permiten, en la Costa, el acceso a la tierra a los pequeños productores no indígenas. La crisis social se ve agravada por la crisis financiera y económica, y paralelamente da comienzo el establecimiento del modelo económico neoliberal impulsado por el Fondo Monetario Internacional (FMI), que conducía al abandono del agotado modelo de industrialización sustitutiva de importaciones y lo reemplazó por las leyes del libre mercado. El Estado empieza un proceso de desconcentración, descentralización y regionalización de los servicios públicos, a la vez que inició un agresivo proceso de privatización de los mismos (Camas Baena, 2016, p. 307).

El documental *La feria de Jesús del Gran Poder* (1964), producido por Manolo Cadena Torres, muestra la tradición taurina de Quito, con motivo de las fiestas de su fundación. Manolo Cadena Torres era un torero ecuatoriano que impulsó la creación de la Feria de Quito. El cortometraje se estrenó en 1964, coincidiendo con el cuarto aniversario de la inauguración de la Plaza de Toros de Quito.

El corto de ficción *Historia de un payaso* (1967), dirigida por el periodista y escritor Alberto Borges. Narra la vida de un payaso que se enamora de una bailarina. La película fue producida por el Instituto Nacional de Cinematografía de Argentina, y se estrenó en el Festival Internacional de Cine de Mar del Plata. *Historia de un payaso* (1967) es considerada una obra original y emotiva, que combina el humor y la tragedia, y que refleja la sensibilidad de su director, quien también fue un crítico literario y un defensor de los derechos humanos. Al año siguiente Alberto dirigió *El Cristo de Nuestras Angustias* (1968) que recrea la pasión y muerte de Jesucristo, según la tradición católica. La película fue producida por el canal Ecuavisa, con el apoyo del gobierno ecuatoriano y de la Iglesia Católica, y se estrenó en 1968 en el Teatro Nacional Sucre de Quito. La película recibió el Primer Premio de Cine Estrella de Octubre, que otorgaba la Municipalidad de Guayaquil.

Ese mismo año, Rof Blomberg filmó el documental *Alfredo un chico betunero de Guayaquil* (1968). Retrata la vida de un niño que se dedica a lustrar zapatos en las calles de Guayaquil. La película muestra las condiciones de pobreza, explotación y marginalidad que enfrentan los niños trabajadores, así como sus sueños y esperanzas (Granda Noboa, 2006). La película fue producida por el Instituto Sueco de Cine y se estrenó en el Festival Internacional de Cine de Venecia, donde recibió una mención especial. La película también se proyectó en el Festival de Cine de Quito en 2004, donde se reencontró con el protagonista, Alfredo Delgado, 38 años después.

Entre los esfuerzos para impulsar la cinematografía en 1966 se inauguró el Cine Club Universitario con la Dirección de Ulises Estrella[14]. En 1967, el Municipio de Guayaquil realizó el concurso de cine Estrella de Octubre. Premió a Alberto Borges por el corto *Pasos* y Elio Armas por el corto *Carbón*. Hasta finalizada la década de los sesenta la producción cinematográfica sufrió un estancamiento, si comparamos estas tres décadas con la década de los veinte en la que se filmaron aproximadamente 22 producciones entre ficción y documental. Camilo Luzuriaga (2013, p. 70), explica que durante estas tres décadas se realizaron únicamente cinco largometrajes de ficción de tono melodramático, influencia del cine mexicano de la época.

· · · · · · · · · · · · · ·

14   Ulises Estrella estudió en la facultad de Letras en la Universidad Central del Ecuador en 1961. Junto con un grupo de estudiantes fundó el movimiento cultural de vanguardia los *Tzánzicos*. En 1966 realizó estudios de Arte y Ensayo Fílmico en Buenos Aires. Ejerció la docencia en: teatro, cine y teoría de la imagen en la Universidad Central del Ecuador. En 1971 creó el Departamento de Cine de la Universidad Central de Ecuador, promoviendo el cine latinoamericano y nacional. En 1982 fundó la Cinemateca Nacional de Ecuador en la Casa de la Cultura Ecuatoriana, donde trabajó 30 años rescatando archivos de vídeo, difusión y educación sobre el cine nacional (Fuertes, 2021).

Se filmó el documental *Galo Plaza el hombre* (1968), realizado por el austriaco José Parnés (Granda Noboa, 2008). El documental es un homenaje a la vida y la obra de Galo Plaza Lasso, un político y diplomático ecuatoriano que fue presidente de la República del Ecuador, secretario general de la Organización de Estados Americanos, embajador de Ecuador en los Estados Unidos y alcalde de Quito. Fue estrenado en Quito en el Teatro Nacional Sucre. El documental tiene una duración de 50 minutos, y está narrado por el propio Galo Plaza, quien comparte sus recuerdos, reflexiones y anécdotas.

2. DESARROLLO DE LA CINEMATOGRAFÍA EN ECUADOR (1970-1980)

La década de los setenta llegó con una estructuración de la economía estatal ecuatoriana. El «boom» petrolero, como se conoce al inicio de explotación petrolera en la Amazonía entre los años de 1968 y 1972, generó una nueva fuente de ingreso al Estado. Con el descubrimiento de nuevos yacimientos petroleros entraron a Ecuador empresas transnacionales como Texaco. Ecuador pasó a ser un país exportador de petróleo. Las exportaciones vinieron acompañadas de inversión en infraestructura y un rápido crecimiento de la deuda externa con gobiernos y bancos privados.

El pago de la deuda pública comprometió una gran parte de las ganancias de las explotaciones petroleras. El auge petrolero dio continuidad al documental propagandístico gubernamental, durante el gobierno militar del General Rodríguez Lara, se producen varias filmaciones sobre la explotación petrolera y las obras del gobierno militar (Romero Albán, 2011).

Durante esta década el cine tuvo un nuevo impulso con la creación de la Asociación de Autores Cinematográficos del Ecuador ASOCINE, y la Cinemateca Nacional ligada a la Casa de la Cultura Ecuatoriana. Estas entidades junto con la Unión Nacional de Periodistas empezaron a incentivar la producción cinematográfica. Resurgió el documental etnográfico y como género el cine indigenista. Es una época de grandes cambios sociales «una joven generación de cineastas que comparte temáticas nacionalistas y que está influenciada por los movimientos de izquierda latinoamericana que recorren por esos años el continente» (Camas Baena, 2016, p. 307).

Si bien estos filmes buscan trascender el simple registro de expediciones, construyen relatos cinematográficos elaborados e intentan un acercamiento con la realidad social, fundamentalmente reafirman el discurso del mito nacional. Por un lado, se apela a la recuperación de un glorioso pasado indígena, mientras se monta el discurso de la desgracia del indio, «la raza vencida sin capacidad ni agenda política, víctima de la cultura occidental y del Estado-nación» (Camas Baena, 2016, p. 308).

«Este resurgimiento del indigenismo en el moderno aparato del cine se explica por el impulso nacionalista de un gobierno» (Luzuriaga, 2021, p.7), un gobierno que buscaba la integración nacional, a través de la modernización de la estructura del Estado.

Los documentales con cámara en mano filmados por el sueco Rolf Blombergy los primeros registros de la Amazonía de Carlos Crespi, se consideraron como los primeros intentos de un documental indigenista. La narrativa del documental cambió a una introspección de patria, y un sentido nacionalista. El indigenismo siempre presente en la literatura nacional retomó su importancia en el cine. Esta década estuvo marcada por el documental, pero también se registraron filmaciones de cortometrajes (de Celis Pastor, 2014).

Las condiciones de los pueblos originarios en Ecuador han cambiado, precisamente desde la década de 1970, desde la última reforma agraria, a partir del proceso sostenido de modernización de la sociedad iniciado entonces, con la lenta abolición del privilegio de las castas y del trabajo servil que aún subsistían, con la imposición de la ciudadanía, del trabajo asalariado, del capital y del mercado (Luzuriaga, 2021, p. 11).

Desde las entidades de la cultura nacional se impulsaron acciones que fortalecieron la cinematografía. En 1970 se creó el Cine Foro de la Casa de la Cultura, núcleo del Guayas. Este espacio se convirtió en un lugar para incentivar el desarrollo cinematográfico de la ciudad. Empezó a funcionar bajo la dirección de Gerald Raap. Fredy Elhers[1] realizó el film *Meditaciones para los que no meditan* (1970), que explora el tema de la búsqueda espiritual y la identidad nacional. La película fue producida por el Instituto Nacional de Cinematografía de Argentina, y se estrenó en el Festival Internacional de Cine de Mar del Plata. *Meditaciones para los que no meditan* (1970) es considerada una obra original y vanguardista, que combina el humor y la reflexión, y que refleja la sensibilidad de su director, quien también fue un periodista, escritor y político ecuatoriano.

Los hermanos Gustavo e Igor Guayasamín realizaron el cortometraje *Guagaje* Día de los Muertos (1971) que muestra la celebración del Día de los Muertos en la comunidad indígena de Guangaje, en la provincia de Cotopaxi. La película fue producida por la Cinemateca Nacional del Ecuador, y se estrenó en el Festival Internacional de Cine de Quito. Es considerada una obra que refleja la diversidad cultural y la riqueza espiritual del pueblo ecuatoriano, así como el respeto y el amor por los ancestros.

· · · · · · · · · · · · · ·

1   Fredy Elhers es realizador, director, productor y presentador ecuatoriano. Inició su carrera en los años 70. Realizó en Ecuador varios reportajes para cine y programas para televisión de Ecuador con el apoyo de la Asociación Ecuatoriana de Canales de Televisión y el Banco Central. En 1989 produce el programa «La Televisión», que lleva al aire 32 años (Camas Baena, 2016).

El grupo Kino estrena el documental *Minga* (1972) con auspicio del Ministerio de Salud (Carvajal Calero, 2015), que muestra la lucha de los campesinos e indígenas de Ecuador por defender sus derechos y su territorio frente a la explotación petrolera y la represión militar. La película se estrenó en el Festival Internacional de Cine de Quito. *Minga* (1972) es considerada una obra de denuncia social y de apoyo a las movilizaciones populares, que refleja la realidad de las comunidades afectadas por el modelo de desarrollo impuesto por el Estado y las transnacionales. En 1972 se fortaleció el documental de carácter propagandístico gubernamental. Esto coincide con el gobierno militar nacionalista del General Rodríguez Lara, en él se vio al cine como la posibilidad de promocionar y dar a conocer las obras estales. Se filmó la construcción del oleoducto transecuatoriano, se registraron los informes presidenciales, la construcción del complejo hidroeléctrico y la pavimentación de vías interprovinciales.

El trabajo de creación del material documental estuvo en manos de varios productores nacionales como: Cuesta Ordoñez, Industria Cinematográfica Ecuatoriana; Rodrigo Granizo; José Corral; Empresa Granda, Cadena y Gallardo; entre otros, quienes hasta 1976 hicieron un registro de la obra pública del gobierno nacionalista revolucionario del General Rodríguez Lara (Delgado, 1984).

En la línea del documental institucional Fredy Elhers y José Corral realizaron el cortometraje *30 años de la Pontificia Universidad Católica del Ecuador* (1973), que muestra la trayectoria y los logros de esta institución educativa, fundada en 1946. La película fue producida con el auspicio del Ministerio de Educación, y se estrenó en el Teatro Nacional Sucre de Quito. *30 años de la Pontificia Universidad Católica del Ecuador* (1973) es considerada una obra de valor histórico y cultural, que refleja el compromiso de esta universidad con la investigación, la docencia y la proyección social.

Gustavo Corral y el grupo Kino filmaron *Asentamientos Humanos, Desarrollo y Habitat*, (1974), que muestra la problemática de la vivienda y el urbanismo en Ecuador. La película fue producida con el auspicio del Ministerio de Salud, y se estrenó en el Festival Internacional de Cine de Quito. *Asentamientos Humanos, Desarrollo y Habitat* (1974) es considerada una obra de denuncia social y de propuesta de soluciones alternativas, que refleja la realidad de las comunidades marginadas y la necesidad de una planificación participativa (León, 2007).

En el año de 1975 los hermanos Guayasamín realizaron el corto-metraje *¡El Cielo para la Cunshi, Carajo!* (1975) basado en la obra del escritor ecuatoriano Jorge Icaza. Como explica Camilo Luzuriaga (2021) «Gustavo Guayasamín, descendiente kichwa, se convierte en el máximo exponente de aquel breve indigenismo del cine, además de ser el primer ecuatoriano graduado en cine en la CUEC de México en 1975» (p. 8).

El cielo para la Cunshi, caraju (1975) es una adaptación de un episo-dio de la novela cumbre del indigenismo literario ecuatoriano, Huasipun-go, de Jorge Icaza, publicada en 1935. Que Guayasamín haya escogido en 1977 la obra de Icaza para adaptarla al cine no era extemporáneo. En plena década de 1970, una adaptación teatral de Huasipungo, dirigida por Antonio Ordóñez, devino en éxito de taquilla con llenos completos por varios meses en el Teatro Nacional Sucre de Quito, y en otros teatros del país. Con una reforma agraria todavía haciéndose, y un gobierno mi-litar nacionalista rigiendo, la obra de Jorge Icaza parecía gozar de plena validez (Luzuriaga, 2021, p.8).

¡El Cielo para la *Cunshi, Carajo!* (1975) está basado en un capítulo de la novela Huasipungo de Jorge Icaza; esta adaptación coincide con la implementación de la Reforma Agraria en Ecuador, y con ello la extinción de los latifundios. La *Cunshi*, nombre que en quichua que significa «Con-cepción», es un personaje emblemático de la novela de Icaza, ella será quien sufra las consecuencias del maltrato físico y sexual recibidos por el terrateniente y su marido. Es una mujer fuerte, sumisa que a causa del hambre tiene un final fatal en la novela. En el personaje de la *Cunshi*, se denuncia el maltrato que sufren las mujeres indígenas en las haciendas de la sierra, de allí que sea un personaje clave para la reivindicación de los pueblos indígenas (Luzuriaga, 2021).

¡El cielo para la *Cunshi, carajo!* es una extraña pieza de un tardío cine silente en plena década de 1970, con intertítulos y todo, es muy ilustrativa de la estética del indigenismo. El encuadre final del filme, la imagen de un lloroso y desesperado Andrés Chilinquinga que con sus dos tensas manos abraza la espalda ensangrentada de su hijo, se parece tanto a la iconografía del pintor Osvaldo Guayasamín, máximo exponen-te del indigenismo pictórico y tío del cineasta. El arquetipo de la víctima que tanto elaboró el pintor, aparece también con similar y potente carga expresiva en el cine (Luzuriaga, 2021, p. 8).

Siguiendo con la línea argumental a este corto le siguieron en los años subsiguientes la producción de los documentales Los *hieleros del Chimborazo* (1975) y *Tiag: Lo que aún existe y es inagotable* (1987)

(Tomaselli, 2016). El documental *Los Hieleros del Chimborazo* (1980) relata el difícil trabajo de los hieleros y la desigualdad de condiciones a la que se enfrentan al competir con las fábricas de hielo locales por vender su producto (Pérez Aguaguiña, 2022). Se muestra la vida de los indígenas de la sierra ecuatoriana, que desde la época colonial escalan el volcán Chimborazo hasta llegar a unos 5.200 metros de altura, para obtener grandes bloques de hielo con los que descienden cargándolos en las espaldas y luego los venden en el mercado de la ciudad de Riobamba. Este documental, de 22 minutos de duración, refleja la dureza de la vida de las comunidades indígenas que se sustentan de esta actividad (Falconí Trávez, 2015).

Al final de *Los hieleros...*, Guayasamín sobrepone un texto en primera persona singular y luego plural, «yo» y «nosotros», que dice de la situación ardua del trabajo de estos hombres de las alturas andinas. Y luego otro texto que refiere la historia de estos trabajadores, texto conjugado en tercera persona plural, «ellos». Este salto de una persona a otra podría de manera simbólica reflejar la contradicción que vive el realizador, mitad kichwa, mitad mestizo-urbano, mitad yo, mitad ellos (Luzuriaga, 2021, p.10).

El apoyo institucional a la cinematografía se hizo evidente y en 1975, el Centro Municipal de Cultura de Guayaquil dirigido por Gerald Raad convocó un encuentro de realizadores cinematográficos en el Teatro 9 de Octubre.

El director francés Serge Witta filmó en Ecuador el documental *Los Caminos del Sol* (1975), que muestra la diversidad cultural y geográfica del Ecuador, a través de un viaje por sus cuatro regiones: Costa, Sierra, Oriente y Galápagos. La película fue producida por el Instituto Francés de América Latina, con el apoyo del gobierno ecuatoriano, y se estrenó en el Festival Internacional de Cine de Quito. *Los Caminos del Sol* (1975) es considerada una obra que refleja la belleza y la riqueza del país, así como los desafíos y las contradicciones de su desarrollo (Velásquez Campos, 2010).

La producción documental ecuatoriana avanzó en la línea del documental indigenista y social. Durante esta década destaca la producción casi anual de Fredy Elhers, que en 1976 realizó el documental *El Artesano* (1976), que muestra el trabajo y la cultura de los artesanos ecuatorianos, especialmente de los tejedores de sombreros de paja toquilla. La película fue producida por el Instituto Nacional de Cinematografía de Argentina. *El Artesano* (1976) es considerada una obra que refleja la identidad y la creatividad del pueblo ecuatoriano, así como la importancia de preservar y valorar sus tradiciones artesanales.

José Corral filmó el documental *Entre el Sol y la Serpiente* (1976), que muestra la cultura y la cosmovisión de los pueblos indígenas del Ecuador, especialmente de los shuar y los achuar. La película es considerada una obra que refleja el respeto y la admiración por las tradiciones ancestrales, así como la defensa de los derechos y la identidad de los pueblos originarios.

El Municipio de Guayaquil convocó a un festival de cine, en el que el cineasta guayaquileño, Paco Cuesta, fue el ganador en su cortometraje de animación *Rosa Pujos* (1976), que muestra la vida cotidiana de una mujer que sufre de flatulencia. La película fue producida por el Instituto Nacional de Cinematografía de Argentina. *Rosa Pujos* (1976) es considerada una obra de humor y de crítica social, que refleja la sensibilidad y la originalidad de su director, quien también fue miembro de La Artefactoría, el grupo que abrió la puerta al arte contemporáneo en Ecuador.

Mauricio Berú, realizó *Asentamientos Humanos, Medio Ambiente y Petróleo* (1976), que muestra la problemática de la vivienda y el urbanismo en Ecuador, en relación con la explotación petrolera y sus consecuencias ambientales y sociales. Es considerada una obra de denuncia social y de propuesta de soluciones alternativas, que refleja la realidad de las comunidades marginadas y la necesidad de una planificación participativa. La película fue producida por la Comisión Nacional del Hábitat del Ecuador, con el auspicio del Ministerio de Salud, y se estrenó en el Festival Internacional de Cine de Quito.

Rodrigo Granizo realizó el documental turístico *Adelante Ecuador* (1976), que muestra las bellezas naturales, culturales e históricas del Ecuador, así como sus avances en el desarrollo económico y social. Es considerada una obra que refleja el orgullo y el optimismo de los ecuatorianos, así como la promoción del país como destino turístico. La película fue producida por la compañía Fílmicos Ecuatorianos, con el auspicio del Ministerio de Salud (Camas Baena, 2016).

La televisión empezó a tomar fuerza en Ecuador. En 1977 se realizó el primer Concurso de Cortometrajes, Cine y Televisión, organizado por los canales 8 de Quito y 2 de Guayaquil. Ganaron el premio en cine: *Entre el sol y la serpiente* de José Corral, *Oro no es* del grupo Kino, *Ecuador alfa y Omega de los dioses* de Guillermo Kang, *Regreso a la transparencia* de Paco Cuesta, *Pasajes de la Cultura Ecuatoriana* de Gustavo e Igor Guayasamín, *De que se ríe* de Pocho Álvarez y Grupo Kino, y *Un muñeco llamado Año Viejo* de Gustavo Valle (Loaiza Ruiz & Gil, 2015).

En 1975 el emblemático realizador boliviano Jorge Sanjinés filmó en Ecuador el primer y único largometraje de ficción indigenista de estas tierras, *Llukshi Kaymanta (Fuera de aquí)* (1976), película referida a la gesta de la población kichwa y aymara de Bolivia contra las trasnacionales mineras apoyadas por el ejército, obra que no pudo filmar en su país porque debió huir de la persecución de la dictadura militar de entonces. La observación y escucha de una secuencia cercana al cierre del filme, que muestra la reacción de un dirigente kichwa a la pretensión de un oficial del ejército por levantar el bloqueo de una carretera por parte de los comuneros, es ilustrativa, entre otras dimensiones del filme, de otro uso de la voz narrativa del realizador (Luzuriaga, 2021, p. 8).

Varios directores y grupos interesados por el cine optaron por la coproducción para lograr la producción de sus propuestas audiovisuales. Y un claro ejemplo de coproducción y autogestión se dio en 1977 entre la Universidad Central, el grupo Ukamau y la Universidad Los Andes de Venezuela. De este convenio resultó la película de tinte indigenista *Fuera de aquí* (1976) filmado en las comunidades indígenas de Tungurahua y Chimborazo por el director boliviano Jorge Sanjiné (Gumucio Dagron, 2015), que muestra la lucha de los pueblos indígenas por defender sus tierras y su cultura frente a la invasión de una empresa minera extranjera y de una secta religiosa. La película fue filmada en las comunidades de Tamboloma, Chibuleo, Río Colorado y Yazaputzan, con la participación de los propios habitantes como actores. *Fuera de aquí* (1976) es considerada una obra de cine militante y de denuncia social, que refleja la realidad y la resistencia de los pueblos originarios del Ecuador.

El Centro Municipal de la Cultura de Guayaquil realizó el II Encuentro Iberoamericano de realizadores cinematográficos y convocó a un concurso nacional de cortometrajes, cuyos premios consistían en estímulos económicos para los realizadores. Fredy Elheres y su documental *Nuestra Primera Historia* (1976) ganó el primer lugar y un premio de 40.000 sucres. En la película expone los orígenes de la nación ecuatoriana, a través de las piezas arqueológicas de las culturas ancestrales que habitaron el territorio. La película fue producida por el Museo Arqueológico Banco Central del Ecuador. El segundo lugar fue para Gustavo Valle Sornoza y su corto *Naturaleza Muerta* (1976), que recibió un premio de 20.000 sucres. La película muestra la decadencia y la muerte de una familia burguesa, a través de una serie de imágenes simbólicas y surrealistas, es considerada una obra original y vanguardista (Camas Baena, 2016).

Mediante Registro Oficial n.º 421, se constituyó y se legalizó ASO-CINE Asociación de Autores Cinematográficos de Ecuador. Su primer presidente fue el cineasta Gustavo Guayasamín. Uno de los objetivos primordiales de la asociación fue que en Ecuador se cree la legislación para incentivar la cinematografía. Desde su creación ASOCINE impulsa la construcción y aprobación de la Ley de Cinematografía. El departamento de Cultura del Municipio de Quito organizó en 1978 el Primer Festival de Cine Ciudad de Quito. Para la realización de este evento la municipalidad tuvo el auspicio de ocho embajadas (Flores Velasco, 2014).

La Unión Nacional de Periodistas se convirtió en una de las instituciones que apoyaron durante la década siguiente a la producción cinematográfica ecuatoriana. Se produjo el cortometraje: *Hasta cuándo Padre Almeida* (1979) que dirigió Edgar Cevallos (Estrella, 1984), que recrea la vida del legendario fraile franciscano José de Almeida, conocido por sus aventuras amorosas, sus travesuras y sus milagros en el Quito colonial. La película fue protagonizada por el actor y dramaturgo Arístides Vargas, y se basó en el libreto de Marcelo Cevallos, hermano del director. *Hasta cuándo Padre Almeida* (1979) es considerada una obra de humor y de rescate histórico, que refleja la personalidad y la creatividad de su director.

Para finalizar la década Gustavo Corral, César Álvarez, Consuelo Bustamante, y Alejandro Santillán producen el documental *Tamari* (1979), que muestra la cultura y la cosmovisión de los pueblos indígenas del Ecuador, especialmente de los quichuas de la Sierra. La película fue producida por el grupo Kino, con el auspicio del Ministerio de Salud. *Tamari* (1979) es considerada una obra de valor antropológico y artístico, que refleja el respeto y la admiración por las tradiciones ancestrales, así como la defensa de los derechos y la identidad de los pueblos originarios.

Que la primera generación de cineastas ecuatorianos haya empezado filmando películas cortas y documentales no es casual, corresponde a la etapa primigenia por la que cursaron todas las cinematografías, aprendiendo a armar el discurso cinematográfico desde la brevedad del cine de corta duración, y reconociendo que el país no disponía de una tradición dramatúrgica y teatral a partir de cuya experiencia poder construir la ficción. Y tampoco es casual que su temática haya sido ante todo la historia de Ecuador, entendida tanto como los grandes sucesos del pasado, así como la vida cotidiana indígena, rural y popular, que todavía contenía los vestigios de las formas de vivir y de pensar propias del pasado anterior a la conquista española y anterior a la modernidad (Luzuriaga, 2013, p. 70).

Se realizó el Primer Encuentro Nacional de Cineastas para respaldar el primer proyecto de Ley de Cine, presentado por ASOCINE. La temática indigenista fue nuevamente apoyada por la televisión sueca, dando paso a un segundo momento en la producción de documentales con esta temática filmados en Ecuador. En 1979 se filmó el documental *Chimborazo, Testimonio Campesino de los Andes Ecuatorianos* (1979), producido por Sveriges, Televisión Sueca, codirigido por Fredy Elhers, Rodrigo Robalino y Tom Alandt (León, 2007). Es una película que muestra la vida y la lucha de los campesinos indígenas de la provincia de Chimborazo, en el centro de Ecuador. La película aborda temas como la tenencia de la tierra, la organización comunitaria, la educación bilingüe, la salud y la cultura andina.

La cinematografía ecuatoriana arrancó como movimiento generacional a finales de los años setenta, cuando se retomó la vida democrática. Por primera vez no hablamos de individuos aislados sino de toda una generación cuyo impulso se refleja en el número de producciones hechas durante aquellos años, en la cantidad de festivales alrededor del mundo en los que participó directores ecuatorianos, en la creación de la Asociación de Cineastas del Ecuador, Asocine, en 1977, hoy inactiva, y en el número de estrenos de películas de ficción y documental gracias, entre otras cosas, a una incipiente política de incentivo tributario implementada durante el breve gobierno de Roldós (Serrano 2020, p. 205).

3. TEMÁTICAS RECURRENTES DEL CINE ECUATORIANO (1980-2000)

El cine ecuatoriano de los ochenta participó de la sinrazón política. Mientras las artes plásticas y la literatura ecuatoriana se encontraban en proceso de transición, los cineastas cultivaban una visión del cine, y del arte en general, como instrumento de denuncia (Serrano, 2001, p. 45).

Influenciada por la revolución cubana en 1959 nació la nueva izquierda latinoamericana, en un escenario de lucha obrera y estudiantil por los derechos civiles y una serie de dictaduras militares represivas que azotaban la región. Con ella un movimiento cinematográfico de denuncia social y política, en países como Brasil, Argentina y Uruguay, participaron de este movimiento social artistas, intelectuales, músicos, con inclinación al pensamiento de izquierda, que consideraron el arte como una ventana de denuncia y de unificación social (Mite Basurto, 2022).

El ámbito cinematográfico fue particularmente conmovido por ese movimiento, dando lugar a lo que se conocería con diferentes nombres, uno de ellos es «cine militante», y que preferimos llamarlo de modo más general cine de «intervención política» (Alvira, 2016, p. 162).

A Ecuador llegó iniciada la década de los ochenta la influencia de la nueva izquierda latinoamericana. A nivel de Latinoamérica Ecuador no vivía de una dictadura militar como la argentina o la chilena. Pero durante la década de los setenta y ochenta se vivía una marcada desigualdad social.

Las ideas de izquierda se trasladaron a los grupos artísticos y el cine se convirtió en una herramienta para plasmar la realidad y visibilizar los conflictos y las desigualdades sociales.

Su doctrina de acción se cobijaría fundamentalmente bajo la figura rectora del indigenismo en un contexto militante que, aquellos años, también incluye a la universidad pública, espacio al cual están vinculados varios de los cineastas de esta generación. (SERRANO SALGADO, 2020, P. 205).

Los hileros del Chimborazo (1980) marcó el paso al cine de los años ochenta. Se estrenó el 27 de mayo de 1980 en las salas de cine nacionales. Se considera la obra cumbre de inicio de esta década. Documental filmado en 16 milímetros por los hermanos Igor y Gustavo Guayasamín con el auspicio del Banco Central del Ecuador. Este documental recibió más de 20 premios y galardones nacionales e internacionales.

Los realizadores ecuatorianos consideraban que el objetivo del cine era la denuncia social. El indigenismo se convierte en una forma de cine muy aplaudida en la época, aunque, no necesariamente quienes filmaron la realidad la conocían en profundidad o la vivían. Para Serrano Salgado (2020, p. 205), el indigenismo escondía no solo las intenciones, loables seguramente, de integrantes de la pequeña burguesía ecuatoriana con marcada vocación paternalista sino, además, y esto quizás sea más difícil de ver, los complejos íntimos de unos realizadores convencidos políticamente

«El segundo boom cinematográfico», como llama Orellana (2018, p.71) al resurgimiento cinematográfico ecuatoriano de la década de los ochenta, se ve marcado por el creación y estreno de la película ecuatoriana más taquillera estrenada hasta la fecha: *Dos para el camino* (1981) de los directores Jaime Cuesta y Alfonso Naranjo, con un millón de personas que asistieron a las funciones que se presentaron en todas las salas de cine a nivel nacional. Los personajes principales en esta película son el quiteño Ernesto Albán[1] y César Carmigniani[2]. Esta película marca un giro en la temática indigenista de las últimas décadas y retoma temática de ficción que marcó los años veinte (Murillo Castro & Romero Morán, 2013).

Dos para el camino (1981) cuenta la historia de un vendedor ambulante, Alejandro, representado por el Ernesto Alban, y Gilberto, por Cesar Carminiagni. Es una historia que mezcla comedia con la aventura (Cano Flores, 2003). Alejandro vive de las ventas ambulantes y con picardía estafa a algunos de sus compradores. Se conoce y se asocia con Gilberto. Juntos recorren las carreteras de Ecuador. El daño de su coche hace que conozcan a un empresario y su hija Andrea. Para encajar mienten sobre su situación social. Gilberto se enamora de Andrea, y los dos colegas inician una nueva aventura para conquistar a la joven. Esta pelí-

----

1 Ernesto Albán es un humorista ecuatoriano, conocido en el medio artístico con el seudónimo de Evaristo Corral y Chancleta. Inicia su carrera como artista callejero en la ciudad de Ambato. Realizó varios programas de radio y televisión y se considera el representante de la «sal quiteña», humor picaresco que caracteriza a los quiteños. Recibió varias condecoraciones entre ellas la Palma de Oro (Peralta Idrovo y Collantes Peñaherrera, 2013).

2 César Carmigniani es director, productor, actor y guionista de diversas producciones entre documentales, mini series, telenovelas y películas históricas. Ha recibido premios y reconocimientos de gran importancia (Dillon, 2016).

cula de carretera se filmó en varias ciudades de Ecuador, Quito, Cuenca, Manta, Guayaquil y Otavalo.

Dos para el camino (1981) conquistaba las masas «cinefílicas» del país, ya que se trataba del primer film ecuatoriano protagonizado por el comediante Ernesto Albán, convirtiéndose en la excepción de aquellos años al hacer, según su director y productor Jaime Cuesta, más de un millón de espectadores en salas comerciales dentro de un circuito provincial y cantonal de cines y teatros hoy extintos, las obras indigenistas dominantes, mayoritariamente documentales, eran vetadas en esas mismas salas porque éstas se negaban abiertamente a proyectar «cine de indios» (Serrano Salgado, 2020, p. 205).

En una nueva coproducción entre Ecuador y México se filmó el largometraje Nuestro Juramento (1984) producido por Jaime García Calderón y la Empresa García, con la dirección del mexicano Alfredo Gurrola. Filmado entre Ecuador y México, esta historia se basa en la vida del cantante ecuatoriano Julio Jaramillo conocido como el Ruiseñor de América, por sus interpretaciones del pasillo.

Se celebró el Primer Festival de Cine Ecuatoriano realizado en Quito, en él se estrena el cortometraje Don Eloy (1981) del director de Camilo Luzuriaga, quien obtiene el segundo premio en el festival (Quelal Moncayo, 2015). Don Eloy (1981) es un cortometraje documental que muestra el testimonio de los familiares del líder liberal Eloy Alfaro, el primer presidente del Ecuador que impulsó la modernización y el laicismo en Ecuador. La película fue producida por el grupo Quinde, con el apoyo de la Casa de la Cultura Ecuatoriana y Fundacine.

La influencia del Nuevo Cine Latinoamericano de la década de los cincuenta, con base en el neorrealismo italiano, influjo al cine ecuatoriano (Serrano Salgado, 2020, p. 307). El nuevo cine latinoamericano se presentaba como una crítica a Hollywood, y con una fuerte carga política y social. Este cine relata la realidad y los problemas sociales a los que se enfrentan cada país, como dictaduras, lucha por los derechos, pobreza, discriminación o lucha de clases sociales.

Durante la década de los setenta se evidencia una falta de interés por las producciones cinematográficas ecuatorianas. El público prefería producciones extranjeras, concretamente estadounidenses, estas coparon las grandes salas y las proyecciones de cine ecuatoriano se cambiaron a salas pequeñas. Eran proyecciones limitadas a grupos reducidos con un interés particular en el cine nacional y sus temáticas. A lo largo de la década de los setenta:

La inestabilidad política, los problemas económicos y la falta de un apoyo nacional, ocasionan la muerte de un género, el documental indigenista, e igualmente crea un abismo en el camino de los futuros cineastas, que en los años ochenta deciden tomar nuevamente las riendas para demostrar que todavía puede construirse un cine ecuatoriano.

(CAMAS BAENA, 2016, P. 310).

La narrativa cinematográfica de denuncia y reivindicación social, presente en el Nuevo cine latinoamericano, influye directamente en el cine ecuatoriano que nace en la década de los ochenta, marcando temáticas comunes como el indigenismo, la narrativa montubia o el realismo social.

En el caso de Ecuador las primeras organizaciones indígenas y campesinas nacieron con el apoyo de una de las ramas de la iglesia católica. Monseñor Leonidas Proaño, conocido como el «Obispo de los Indios», apoyó la conformación de una organización indígena independiente.

Entre 1970 y 1971 se reunieron algunos sacerdotes de la rama progresista con los líderes indígenas de las comunidades de la sierra ecuatoriana. Se convocó el Primer Congreso Constitutivo del Ecuarunari en 1972 y la Comunidad de Tepeyac-Chimborazo. Esta organización abarca los sectores indígenas y campesinos (Illicachi Guzñay, 2006). En las décadas de los 70 y 80, la antropología, la sociología rural y la economía agraria, se enfocaron en estudios de los pueblos indígenas desde lo agrario y la reivindicación del derecho a la tierra. Esto se evidenció también en el enfoque del documental indigesta. Se retrata al otro y su lucha por la reivindicación de sus derechos. Pero no se profundiza en comprender y conocer su cultura y sus particularidades.

Los filmes indigenistas de esta década buscaban adentrarse en el conocimiento de la nacionalidad ecuatoriana. Las comunidades se convirtieron en su objeto de estudio. Para Romero Albán (2011) el cine indigenista realizado hasta la década de los ochenta en Ecuador, tiene cuatro características que identifican su sentido: La identidad nacional: el indígena visibiliza la identidad nacional como lo esencial. Políticas de la identidad: se construye identidad desde la diferencia y separación entre se mestizo e indígena. Integración al discurso estado-nacional: el indígena forma parte del proyecto de estado, pensado como unificación nacional. Institución de lo telúrico: las comunidades indígenas se conciben únicamente desde la relación con la tierra y la naturaleza.

El apoyo gubernamental a la cinematografía se limitaba a instituciones y proyectos puntuales. Pensando en incentivar la producción cinematográfica, ASOCINE entregó al Congreso el primer proyecto de Ley de Cine en 1981. Este proyecto es analizado, pero no es aprobado por los legisladores.

En un afán por mantener la cultura cinematográfica y alentar a la creación audiovisual, se promovieron actividades de forma independiente en la Sección de cine de la Casa de la Cultura Ecuatoriana y el Cine Club Ciudad de Quito. Se organizó el Primer Encuentro Andino de Cineastas, al que asistieron delegados de Venezuela, Colombia, Perú y Bolivia. Esta convocatoria propició el análisis de la situación del cine en Ecuador y como resultado de ello se propusieron la creación de la Cinemateca Nacional del Ecuador, adscrita a la Casa de la Cultura. Se propuso la creación de un cine club andino, para compartir experiencias y producciones (Peña Camino, 2021).

En octubre de 1981, adscrita la Casa de la Cultura Ecuatoriana Benjamín Carrión, se creó en la ciudad de Quito la Cinemateca Nacional del Ecuador; entidad creada para investigar sobre cine, salvaguardar la memoria audiovisual ecuatoriana e impulsar la cultura cinematográfica en Ecuador. Ulises Estrella fue nombrado director de la cinemateca[3]. Como primera actividad pública la cinemateca presentó la muestra: *El Cine Sueco de Hoy*, evento al que asistieron 3.600 personas a la sala de cine Colón de la ciudad de Quito. Se organizó la Primera Muestra de Cortometrajes Ecuatoriano de los últimos años. La producción cinematográfica ecuatoriana tomó un nuevo aire, se retomó el documental, la ficción y el cortometraje. Las temáticas abordaban lo costumbrista, con tintes de comedia y lo social con énfasis en el indigenismo (Peña Camino, 2021).

Durante el período mencionado se produjo una variedad de obras que abordan diversos géneros y temáticas. Las hay de reconstrucción histórica, como *Montonera* (1982), de Gustavo Corral, o costumbristas, como *Una araña en el rincón* (1982) o *Un ataúd abandonado* (1981), las dos de Edgar Cevallos, entre otras. Pero es el realismo social de denuncia el género que comandaba el estilo generacional, lo cual es visible también en los títulos mencionados, siendo el indigenismo la vertiente dominante de la etapa (Serrano Salgado, 2020, p. 207).

· · · · · · · · · · · · · ·

3 Ulises Estrella estuvo al frente de la cinemateca desde su creación en 1982 hasta el año 2012, aproximadamente 30 años.

Afianzándose la temática indigenista como una inquietud de los cineastas de la época Raúl Khalifé dirigió el documental antropológico *Boca de Lobo, Simiatug* (1982). Este documental intentó captar la vida de los habitantes de las comunidades de Simiatug, en la provincia de Bolívar, en la sierra centro. Se relató la problémica social y cultural a la que se enfrentan los habitantes de estos sectores, el choque entre la cultura indígena y mestiza, que conlleva racismo y desigualdad económica. Muchos comuneros se vieron obligados a migrar por problemas como la tenencia de la tierra y falta de apoyo gubernamental para el desarrollo de las formas de producción agrícola y ganadera. Este documental de 20 minutos de duración obtuvo el octavo lugar en el XXVIII Festival de Cortometraje de Over Hausen, Alemania Federal (Romano Silva, 2013).

Al documental *Boca de lobo, Simiatug* (1982) de Raúl Khalifé, se sumaron los trabajos cinematográficos antropológicos realizados en 1982: *Montonera*, de Gustavo Corral, *Caminos de piedra*, de Jaime Cuesta y, *Nuestro mar* y *Los colorados*, de José Corral (Carranza Gándara, 1984).

El documental antropológico primaba en la época, pero, hay casos como *Las Alcabalas* o *La Revolución de las Alcabalas* (1982) de Teodoro Gómez de la Torre, documental histórico con duración de veinte minutos. La realización de este film fue convocada por la Unión Nacional de Periodistas. En él se rescata un episodio de la historia de Ecuador, la Revolución de las Alcabalas sucedida entre julio de 1592 y abril de 1593. Los libretos para esta producción los realizó el escritor guayaquileño Pedro Jorge Vera.

Chacón Maravilla (1982), de los directores Camilo Luzuriaga y Jorge Vivanco, premiada en el Festival de Cine Infantil Tampere (Finlandia), que cuenta la historia de un día en la vida de un pequeño lustrabotas llamado Chacón Maravilla, que se entiende a través de la magia y la ilusión con una niña de clase acomodada. Su ingenuidad no supera las barreras sociales y cada uno, al término del encantamiento, regresa al lugar que le corresponde: el cajón del betunero y la casa de cristal. Utilizó técnicas de animación que lo volvieron atractivo para el público infantil (Serrano, 2001).

Edgar Cevallos, quien en una época en la que los realizadores se decantaban por el cine documental, se distinguió por dedicarse a la ficción, o más bien a la adaptación de piezas literarias al cine, como hizo con *Un ataúd abandonado* (1981) y *Una araña en el rincón* (1982), que toman trabajos de Pedro Jorge Vera y Juan Valdano, respectivamente, para crear estas obras que hablan del provincianismo del Quito de entonces y las tribulaciones de personajes abandonados a su suerte (Serrano, 2001; Carranza Gándara, 1984). Durante el año 1982 se produjo el largometraje *Mi Tía Nora* (1982), es una coproducción ecuatoriana-argentina de 90 minutos de duración. Una obra de ficción guionizada por Mabel Prelorán y dirigida por Jorge Prelorán[4.] *Mi tía Nora* (1982) está basada en una historia real, como dice el texto inicial de la película, que pudo haber sucedido en cualquier capital latinoamericana. Es una historia en la que los personajes principales, en este caso mujeres, se debaten entre las tradiciones, sus traumas e inseguridades, y el guardar silencio.

Los personajes de Beatriz y Nora, sobrina y tía, tejen una historia de fraternidad, que muestra la sumisión en la educación de las mujeres de «buena familia». La madre de Nora representa la idiosincrasia de una familia aristócrata anclada a su apellido. Mientras que la madre de Beatriz busca escalar socialmente sin importar nada. Este drama estrenado en 1983 deja ver las ataduras mentales y contradicciones con las que se educa a las mujeres (Campo, 2017).

Mi tía Nora (1982) encuentra su nacionalidad en el rasgo que más impactó a la guionista Mabel Prelorán, sobre la experiencia de vida de muchísimas mujeres ecuatorianas de entonces y aún de hoy, sometidas y resignadas a los roles que les han asignado en la sociedad. Ese tipo femenino, en franca retirada, a contracorriente de la tendencia mundial, se explica en una cultura endogámica, autárquica y parroquiana, como es todavía la ecuatoriana a comienzos de los ochenta (Serrano, 2001).

La Libertadora del Libertador (1983) documental codirigido por Manolo Cadena y Carlos Rojas, con una duración de 21 minutos, revivió la figura de la quiteña Manuela Sáenz, y su influencia y apoyo al Libertador Simón Bolívar durante las batallas por la liberación de América Latina. En este documental se dio voz al personaje de Manuela Sáenz y rescatando su influencia en la historia independentista latinoamericana (Contreras Martínez, 2014).

La producción ecuatoriana empezó a fortalecerse nuevamente a través de los cortos de ficción y de documental (Carranza Gándara, 1984). Este mismo año se presentaron los cortometrajes ecuatorianos:

• • • • • • • • • • • • • •

4   Jorge Prelorán (1933-2009). Cineasta y documentalista argentino, que produjo y dirigió más de 60 filmes etnográficos entre 1960 y 1970. En sus films retrata los ambientes de los pueblos y comunidades rurales y sus modos de vida, así como la influencia de la cultura externa. En su paso por Ecuador colaboró en la producción de otros cortometrajes como *Chacón Maravilla* de Luzuriaga y Vivanco (Laguarda, 2017).

Camilo Egas el pintor de nuestro Tiempo, de Mónica Vásquez; *Luto Eterno* (1983), de Edgar Cevallos; *Así Pensamos* (1983), de Camilo Luzuriaga; *El último Auca libre* (1984), de César Carmigniani; como una muestra dentro del V Festival Internacional del Nuevo Cine Latinoamericano de la Habana.

Un nuevo impulso a la producción cinematográfica se dio con la petición del Ministerio de Finanzas, en la que se propone la exoneración de impuestos a las producciones cinematográficas ecuatorianas. Se aprobó la exoneración con el Decreto Legislativo 776, esta disposición la ejecutó durante los años 1980 y 1983 la Unión Nacional de Periodistas y la Casa de la Cultura Ecuatoriana, como entidades de apoyo a la producción cinematográfica nacional (Alarcón Obando, 2014).

Después de 1983, los pocos realizadores que no se dejaron vencer cuando el apoyo económico desaparece, decidieron seguir con su trabajo pero esta vez se quedaron con el documental, no simplemente por falta de presupuesto, sino también para retratar los problemas sociales, denunciarlos y concienciar a ese pueblo que no tiene una definición de la identidad ecuatoriana, que no sabe apreciar su propia cultura, abrirle los ojos con esta nueva forma de expresión, de un realismo cinematográfico, que no solo estaba creciendo en Ecuador, sino en todos los países latinoamericanos. Se puede afirmar, por tanto, que en esta etapa el documental ecuatoriano logró conseguir un gran auge dentro de su historia cinematográfica (Camas Baena, 2016, p. 308).

Con la muerte del presidente Jaime Roldós Aguilera en un accidente aéreo, se produjeron una serie de levantamientos populares durante el gobierno sucesor de Oswaldo Hurtado. En Ecuador se enfrentó una serie de paralizaciones y movilizaciones ciudadanas, se hizo visible el descontento social y la falta de una organización política que aglutinase a los sectores de izquierda.

En un ambiente de protestas y descontento nacional, se leía en las calles de Quito la frase «¡Alfaro Vive Carajo!». Inspirados en la victoria sandinista en Nicaragua, nació en Ecuador AVC (Alfaro Vive Carajo), grupo que buscaba a través del levantamiento violento políticas sociales igualitarias (Terán, 2006).

En 1984 asumió la presidencia de Ecuador León Febres Cordero, líder del partido Social Cristiano. AVC se enfrentó al nuevo gobierno. Fueron considerados terrorista y se formó un brazo armado de la policía y de los militares para reprimir los levantamientos y a los líderes sociales. El gobierno de Febres Cordero está marcado por denuncias de tortura, desapariciones forzadas y muertes. Durante este periodo se redujeron las ayudas a las artes. Fue una década de surgimiento y represión de la protesta social, estos hechos hicieron que se empezase a concebir el cine como un instrumento para reflejar la realidad y crear conciencia social (Garcés Morales, 2021).

Durante los años 1983 y 1985 se produjeron y proyectaron varios cortos: *Madre Tierra* auspiciada por la embajada alemana y el Ministerio de Agricultura; y *Éxodo sin ausencia*, de Mónica Vásquez[5] , el primero aborda la destrucción de los recursos naturales. El segundo visibiliza la emigración del campo a las ciudades, por falta de recursos debido al complejo que resulta vivir del trabajo de la tierra (Roberts-Camps, 2021).

Auspiciado por el Museo Antropológico del Banco Central de Guayaquil, el grupo Quinde realizó el documental *Los Mangles se Van* (1984), codirigido por Camilo Luzuriaga, Peter Degen y Cristóbal Corral. Este documental retrató la vida de los pobladores asentados en las islas del golfo de Guayaquil. Quienes viven en las islas tiene como sustento al manglar y sus recursos. Se mostró la tala y quema del manglar para hacer piscinas de cultivo de camarón. Este documental hace una relación poética con la obra del escritor guayaquileño Demetrio Aguilera Malta, *Don Goyo*. Filmado en las tierras que pertenecieron al padre de Aguilera Malta, el documental tomó parte del texto de la novela Don Goyo para reforzar su narrativa (Grebe & Lemos, 1984).

Igor Guayasamín[6] exhibió *Cuerpo de Mujer* (1985), cortometraje filmado en 16 mm. Se trata de un documental que muestra la realidad de las mujeres que tuvieron que interrumpir su embarazo y de las que decidieron ser madres, asumiendo esa responsabilidad sin ayuda de su pareja. El documental busca transmitir al espectador la terrible disyuntiva que enfrentan millones de mujeres en países cuyas legislaciones no permiten el aborto.

En 1985 el escritor y cineasta quiteño radicado en Alemania, Hernán Quintana Díaz, proyectó sus producciones de cine en super 8 mm: *Confiar al extraño; Encontrado; Hoy Viene; La Vida en el Cementerio,*

· · · · · · · · · · · · · ·

5   Mónica Vásquez Baquero, pone el nombre de la mujer en el cine ecuatoriano. Entre los años 1980 y 1991 dirigió siete películas. Como productora y guionista participó en las producciones: *Dos para el camino* (Cuesta, 1982), *Mi tía Nora* (Prelorán, 1982), *Melgar* (García, 1983) y *Tren al Cielo* (Andemberg, 1988). Fue jefa de redacción de la Revista Especializada en Cine y Medios de Comunicación junto Ulises Estrella (Fuertes, 2021).

6   Igor Guayasamín es cineasta, antropólogo y músico. Estudió Realización Cinematográfica en el CUEC-U-NAM México en 1980. Ha realizado más de treinta documentales antropológicos, en los que aborda temáticas como los movimientos sociales y la identidad cultural de los pueblos originarios (Guayasamín, 2011).

en Ecuador. Sus producciones de cine en super 8 mm son cortometrajes experimentales que exploran temas como la identidad, la memoria, el exilio y la violencia. *Confiar al extraño* (1985) es un cortometraje que narra la historia de un hombre que se encuentra con una mujer en un bar y decide seguirla a su casa, sin saber que ella es una asesina. El corto plantea una reflexión sobre la confianza, el riesgo y el destino. *Encontrado* (1985) es un cortometraje que muestra la búsqueda de un hombre por su pasado, a través de fotografías, cartas y recuerdos. El corto es una metáfora sobre la identidad, la nostalgia y el olvido. *Hoy Viene* (1985) es un cortometraje que retrata la espera de una mujer por la visita de su amante, que nunca llega. El corto es una crítica a la soledad, la rutina y la desilusión. *La Vida en el Cementerio* (1985) es un cortometraje que documenta la vida de las personas que habitan en el cementerio de El Tejar, en Quito. El corto es un testimonio de la pobreza, la marginalidad y la esperanza.

Durante la década de los 80 muchos cineastas ecuatorianos intentaron internacionalizar sus producciones. El recurso de internacionalización se dio buscando los recursos y contactos para hacer presencia en festivales internaciones y concursos como el Festival del Nuevo Cine Latinoamericano en La Habana (Cuba), en el que se presentaron cortometrajes y largometrajes de ficción y documentales ecuatorianos (Camas Baena, 2016).

La creación de la Cinemateca Nacional y de la ASOCINE hizo que los aportes desde las instituciones vinculadas a la cinematografía durante la década de los 80 fuesen más frecuentes. La Cinemateca Nacional realizó seminarios internacionales de capacitación en cine e imagen. En el año de 1985 ASOCINE organizó en el Teatro Universitario un Festival de Cine Ecuatoriano, en que se proyectaba la producción cinematográfica realizada a partir de 1980 (De la Vega Velastegui, 2016).

En el año de 1986 se realizó el Primer encuentro de cineastas ecuatorianos. Esta reunión permitió evaluar la situación de la cinematografía ecuatoriana y la necesidad de impulsar nuevamente el proyecto de Ley de Cine presentado por ASOCINE al Congreso Nacional (Calvo, 2007).

La década de los años 80, evidencia desde la cinematografía cómo en la sociedad ecuatoriana se concibe al otro. Las temáticas abordadas en las películas de esta década mayoritariamente se enfocan en los históricos conflictos regionales, entre Costa y Sierra, las marcadas diferencias sociales, y el visibilizar las comunidades indígenas y campesinas, cuya forma de vida y costumbres resulta desconocida y ajena.

Los realizadores buscaban captar la realidad, las desigualdades sociales. En Ecuador la crisis económica golpeó a muchos sectores, sobre todo los indígenas y campesinos. Los movimientos sociales se fortalecieron. Empezó a nacer de forma orgánica el movimiento indígena y campesino. Es una década de lucha por los derechos y de crear conciencia social en la población.

Durante esta década el objetivo del cine ecuatoriano fue «promover el respeto por los pueblos indígenas entre los latinoamericanos no indígenas, y a la vez proveer de materiales a las comunidades indígenas para una reflexión sobre su propia identidad» (Camas Baena, 2016, p. 307). Históricamente el sector indígena ha sido discriminado y económicamente marginado. La temática realista y la forma cruda de mostrar la realidad impacta en sus inicios, pero el público poco a poco va perdiendo el interés (León Mantilla, 2010). La idea de relatar la desigualdad mostrando la vida dentro de las comunidades para generar conciencia es recurrente en el nuevo cine indigenista de los años ochenta.

Durante los años 20 hasta los 60 del siglo XX, la indígena fue la cultura menos privilegiada dentro de la economía de Ecuador. Hubo discriminación y hasta humillación a estos grupos que se concebían como una cultura cerrada, que tienen sus propias costumbres, idioma y formas de vivir, ajenas a la sociedad mestiza.

En las comunidades indígenas el idioma principal es el quichua, que se usa hasta la actualidad. Esta misma característica aporta una gran riqueza de lo que sería la cultura ecuatoriana, pero al mismo tiempo solo retrata una parte de Ecuador. Los realizadores simplemente se concentraron en esta cultura sobreexplotándola y generando la acumulación de un discurso repetitivo que llegó a perder el interés de los espectadores. Este discurso pudo haber tenido un mejor desenvolvimiento y crear esa imagen ausente que caracterizó al Ecuador durante los comienzos de la historia del cine (Camas Baena, 2016, p. 311).

Durante los años 80 el movimiento indígena ecuatoriano empezó a conformarse como partido político. En 1986, con el objetivo de salvaguardar los derechos, idioma, saberes y controlar los territorios de las comunidades indígenas, los líderes de las 14 nacionalidades formaron la Confederación de Nacionalidades Indígenas del Ecuador-Conaie. Las organizaciones indígenas empezaron a tener un papel activo dentro y fuera de sus comunidades.

El cine indigenista se producía fuera de las comunidades, en estas películas el realizador mostraba desde su perspectiva las costumbres, tradiciones y vida de los pueblos indígenas. Con el paso de los años se buscó incentivar que la producción cinematográfica se realizase desde dentro, que las historias salieran de las comunidades y sus miembros.

En 1987 se registró la primera iniciativa para llevar el cine a las comunidades. La Federación Indígena Campesina de Bolívar organizó el Primer Festival de Cine Indígena, Indio Guaranga. Se buscaba la presencia de los miembros de todas las comunidades pertenecientes a la provincia de Bolívar. En este festival se proyectó las películas: *Fuera de aquí, La charreada, Don Eloy, Panchita, El día de Puerto Rico, Ataúd abandonado, Madre tierra, Niños, Picaflor de cola larga, La Imprenta, Cuenca el camino del pan, Vamos patria a caminar, País verde y herido, El clavel desobediente, Chircales, Yahuar Maillcu* y *Ayllu sin Tierra* (de Celis Pastor, 2014).

Siguiendo con las acciones para posicionar la producción cinematográfica ecuatoriana, se realizó la proyección de los films de Alfredo Breilh[7]: *Panela Nuestra* (1976), *El Ferrocarril transandino* (1980), *La Región de Lago Agrio* (1981), *Las Balsas de Babahoyo* (1982), *Segunda y Tercera Huelga Nacional, Los gobernantes* (1987).

La Banda de la Comuna, vídeo documental dirigido y producido por de Edgar Erazo y Dolores Ochoa, se estrenó en el Aula Benjamín Carrión de la Casa de la Cultura. Este documental se realizó en la comuna de Santa Clara de San Millán, ubicada en las faldas del volcán Pichincha. Creada en 1911 durante gobierno del general Eloy Alfaro. Se adentraron en la forma de vida de los comuneros para entender la concepción de propiedad comunal de la tierra, que tiene las bases sociales y culturales heredadas de la cultura indígena, lo que da una identidad particular a sus moradores (Camas Baena, 2016). En este documental los moradores de la comuna fueron los protagonistas de la narrativa, resultaba interesante observar que subsista una comuna dentro de una ciudad capital, con una estructura arquitectónica y social basada en la propiedad privada.

La significativa fase de producción cinematográfica estimulada por la UNP y la CCE empezó a disminuir en 1983, sin embargo, en 1987 se realizan los cortos y documentales: *Tiag* (Igor y Gustavo Guayasamín) –premiado en el Festival de Cine de los Pueblos Indígenas en Brasil–, *Tequiman* (Jorge Vivanco y Cristóbal Corral), *Tiempo de mujeres* (Móni-

7 Alfredo Breilh fue documentalista, escritor, guionista, director y músico quiteño. Durante la década de los 70 y 80 realizó una serie de documentales de corte indigenista y social. Realizó reportajes para televisión. Se desempeñó como columnista cultural para el *Diario Hoy* y *La Hora*. Fue docente del INCINE Tecnológico Universitario de Cine y Actuación (Breilh, 2017).

ca Vásquez), *Luar Trocas* y *Un lagarto verde* (Fundación Guayasamín). En los dos últimos años de cierre de la década se organizó un ciclo de cine ecuatoriano, se exhibieron el documental *El sueño verde* (Camas Baena, 2016, p. 311).

La producción cinematográfica empezó a descender, en la medida en que esta descendía se incrementó e impulsó la producción de vídeo para televisión. El canal de televisión Ecuavisa convocó un concurso de Vídeo Musical en 1987. Los primeros lugares fueron para: *Illihuaylla* de Jaime Cuesta; *Hijo del Mar* de Norma Corral y Ramiro Bustamante y, *Estamos en el Fondo del Mar* de Alejandro Albán y Renato Naranjo. Este mismo año se realizó el *Primer Encuentro de Productores de Vídeos Alternativos*, organizado por la Cinemateca Nacional, Asociación Católica Mundial para la Radio y la TV y el Centro de Audiovisuales Don Bosco (Hirschmann, 1987).

La Unión Nacional de Periodistas financió parte de la producción de ficción *El Duende* (1987) de Alfonso Naranjo (Granda Noboa, 2006, p. 18). Se trata de un cortometraje que narra la historia de un niño que se encuentra con un duende en el bosque y le pide un deseo. El duende le concede el deseo, pero con una condición: el niño debe devolverle el favor cuando sea mayor. El corto es una fábula sobre la inocencia, la magia y el destino.

En 1988 se estrenó el filme *Tren al cielo* (*Tag Till Himlen*) (1988), del sueco Torgny Andemberg (Granda Noboa, 2006). Una coproducción sueco-ecuatoriana que cuenta la historia de Nino, un niño que escapa en un tren del orfanato a buscar a sus padres, que están en el cielo. En el camino, se encuentra con personajes como Jesucristo, el diablo, un ángel y un ladrón, que le enseñan lecciones sobre la vida, la fe y la esperanza.

Esta película fue filmada en la antigua estación del tren y en uno de los trayectos más vistosos de la ruta del tren conocida como La Nariz del Diablo. Es una historia de esperanza, ilusión y ternura. Es el viaje al cielo de Nino junto a su perro. El filme fue una coproducción entre Suecia, Ecuador y Suiza, y contó con la participación de actores ecuatorianos como Hugo Álvarez, Boris Arteaga, Teodoro Gómez de la Torre y Alfonso Naranjo, y el actor estadounidense James Coburn, ganador de un Oscar. El filme se basó en la novela homónima del propio director, que se inspiró en su experiencia como cooperante en Ecuador.

Finalizada la década de los 80 la Cinemateca Nacional del Ecuador en colaboración con la UNESCO, puso en marcha el proyecto de recuperación física de películas ecuatorianas. Trabajo realizado por las investigadoras Azucena Cornejo, Wilma Granda Noboa, Mercedes Serrano y Mónica Robles. Se recuperaron 200 películas. Ese mismo año el Instituto de Patrimonio Cultural, con Acuerdo Ministerial 3765 de 3 de julio y 3 de agosto de 1989, se declaró al cine producido en Ecuador como parte del patrimonio ecuatoriano. Y, se delegó su custodia a la Cinemateca del Ecuador. Hasta la fecha la cinemateca es la encargada de recopilar el trabajo cinematográfico ecuatoriano (Peña Camino, 2021).

La década de los años 80 en Ecuador es recordada por la represión y desapariciones producidas durante el gobierno de derecha de León Febres Cordero, al finalizar en 1988 se percibió un cambio, cuando fue electo presidente el social demócrata Rodrigo Borja Cevallos, representante de la Izquierda Democrática. Este gobierno asumió el reto de dar estabilidad social, jurídica, frenar la represión estatal y hacer respetar los Derechos Humanos. Se eliminó el Servicio de Investigación Criminal (SIC), que se creó durante el gobierno de Febres Cordero, que fue denunciado como centro de torturas y se estableció la Oficina de Investigación del Delito, organismo técnicamente dotado para combatir prácticas antisociales y garantizar la seguridad del pueblo ecuatoriano. En este periodo surge con fuerza el movimiento indígena, representado por la Confederación de Nacionalidades Indígenas del Ecuador, CONAIE (López Álvaro, 2013).

En 1990 se realizó un levantamiento indígena, en él participaron todos pueblos y nacionalidades del Ecuador. Esto marcará un antes y un después en el movimiento indígena, que se visibilizaría como un frente político constituido y orgánico. Propusieron un cambio en la política nacional. Se discutieron temas como la identidad y el mestizaje. Se replantearon los conceptos de nacionalidad, plurinacionalidad, interculturalidad, y la recuperación y conservación de los símbolos culturales y saberes ancestrales. Este levantamiento dio a los pueblos indígenas un reconocimiento nacional e internacional, marcando su participación social y política activa en las décadas posteriores (Cruz Rodríguez, 2012).

El levantamiento de 1990 incide también en un cambio en la concepción del cine indigenista. Las comunidades empiezan a retratarse desde dentro. Surgen realizadores indígenas y el cine toma fuerza desde las comunidades. Se empezó a producir documentales y películas que buscaban cambiar el discurso nacionalista y representar lo indígena desde una visión propia de sus prácticas culturales, los saberes ancestrales y en otros casos los procesos de aculturación que van sufriendo o resistiendo los pueblos originarios (Romero Albán, 2011).

Los cineastas kichwas a lo largo de la década de los 90 y hasta inicios del siglo, utilizaron de forma recurrente el documental para hacer su cine, como explica Luzuriaga (2021) asumieron este proceso de producción desde una forma empírica de aprendizaje. Empezando el siglo XXI, un grupo de jóvenes e improvisados cineastas dirigidos por William León, fundador de la corporación Sinchi Samay y de una serie de empresas y marcas covinculadas, todas en inglés, como Inka's Films, Inka's Entertainment, Inka's Records y Runawood, filman de manera sostenida varias ficciones. León es él mismo director de todos los largometrajes y series producidas por la corporación y por sus marcas. Varios sitios de estas marcas en Internet, y una presencia importante en YouTube, con muchas otras obras «colgadas» en la Red además de los largometrajes, hablan de una capacidad de producción y de promoción y dan cuenta de un importante nivel empresarial (Luzuriaga, 2021, p. 12-13).

Ecuador pasaba por un momento social complejo para el cine. Se suspendieron las ayudas y exoneraciones a la producción cinematográfica. Esto hizo que la producción nacional no acabase de despegar. Hasta la década de los noventa el largometraje de ficción no había tenido un protagonismo fuerte en la cinematografía ecuatoriana. Los trabajos realizados a nivel de largometraje eran mayoritariamente coproducciones con otros países.

Se estrenó el largometraje *La Tigra* (1990), del director Camilo Luzuriaga. El guion es una adaptación del cuento *La Tigra* del escritor ecuatoriano José de la Cuadra. La película ganó los premios a mejor película y mejor ópera prima en el XXIX Festival de Cine Iberoamericana de Cartagena. En Ecuador convocó a 250.000 espectadores en las salas de cine, convirtiéndose en la película ecuatoriana más taquillera hasta esa fecha (Murillo Castro & Romero Morán, 2013). El estreno de esta película implica esfuerzo y tenacidad por parte de su director, ya que, «en la década del ochenta, se suspende la exoneración de impuestos, el cine muere, La Tigra, representó un esfuerzo aislado».[8]

Hacia finales de la década de los 80 se registran las últimas expresiones de importancia de la corriente realista social con el estreno del largometraje *La Tigra* (1990), de Camilo Luzuriaga, realizado bajo el paraguas del costumbrismo. Posteriormente, durante los años noventa, la sequía sería brutal. El país entró en una etapa de desmantelamiento del

• • • • • • • • • • • • • •

8 Entrevista realizada al director de cine Camilo Luzuriaga el 14 de enero del 2021.

Estado y no se contó con políticas de estímulo de ningún tipo (Serrano Salgado, 2020, p.209).

La Tigra (1990) se localiza en la zona rural de la provincia de Guayas, en el cantón Balzar, en la región de la costa ecuatoriana. En un contexto de tradiciones y creencias de los montubios[9] ecuatorianos se desarrolla la historia de tres hermanas, la mayor Francisca Miranda, es quien cuida de sus hermanas Juliana y Sara, después del asesinato de sus padres. Francisca Miranda apodada *La Tigra* es una mujer independiente, firme de carácter y sexualmente libre. Para, De la Guerra Zúñiga (2020, p. 71), «esta historia es un claro ejemplo difundir ideas relativas a la dominación de la mujer y el control de su cuerpo y su sexualidad, justificada en la obra en creencias y misticismo, un hechizo, una causa más allá de la realidad, fuera del control de las protagonistas».

Este cuento narra la libertad de la mujer y la fuerza de su temperamento, pero a la vez se mezcla con las tradiciones de la época, y el concepto de virginidad que las hermanas mayores deben cuidar en su hermana menor para alejarla de la desgracia. Es una historia que a la vez mezcla la libertad y la represión de la mujer.

En la puesta en escena Luzuriaga logra captar el misticismo, las creencias, el simbolismo, el mundo mágico del campo montubio y el temperamento y la fuerza de las protagonistas y de Francisca Miranda, mujer que rompe con los estereotipos de la época, pero que finamente cae en el engaño de un brujo (Cargua Mogollón & Patiño Tipán, 2021).

La tigra (1990), heredera tardía del nacionalismo nunca consumado en Ecuador, es una recreación del ambiente rural montubio de la costa ecuatoriana de la década de los 30, cuando la corriente civilizadora había empezado a resquebrajar los vestigios de la cultura rural, película de tonos históricos por cuanto subyace en ella una pregunta y una explicación sobre el porqué del derrumbe y de la subsiguiente mitificación del mundo montubio (Luzuriaga, 2013, p. 78).

En el año de 1991 en el II Encuentro de Cineastas, Cuzco (Perú), fue premiada como, Mejor Película y Mejor Opera Prima, Mejor Música y Fotografía, y; Segundo Premio del Público. La producción de Camilo Luzuriaga resultó innovadora, al ser un largometraje de ficción que re-

· · · · · · · · · · · · · ·

9 Los *montubios ecuatorianos* son un pueblo mestizo de origen campesino que habita en las zonas rurales de las provincias costeras de Guayas, Los Ríos, El Oro y Manabí. El término montubio alude al monte como lugar de nacimiento (montu), a los ríos (fluvius) y al hombre o vida (bio). Es decir, al hombre del monte o del campo. El año 2008 fueron reconocidos en la Constitución de la República como un grupo étnico o cultura del Estado ecuatoriano. https://casadelacultura.gob.ec/postnoticias/montubios/

nueva el contexto de la imagen como se venía trabajando a nivel nacional, con el estreno de *La Tigra* (1990) «es cuando empieza el cine ecuatoriano y el desarrollo de una nueva y renovada imagen» (Camas Baena, 2016, p. 310).

Carlos Naranjo uno de los primeros directores de cine graduado en la Escuela Nacional de Cine San Antonio de los Baños, Cuba, estrenó en 1990 dos cortometrajes; *El cuarto clavo* (1990) *y Aparecer* (1990). Pese a la falta de apoyo gubernamental la producción cinematográfica toma un nuevo impulso (Velásquez Campos, 2010).

Un año después los hermanos Juan Esteban y Viviana y Cordero, escriben y dirigen el largometraje *Sensaciones* (1991). Juan Esteban Cordero realizó la música. La banda sonora es premiada como Mejor Sonido en el Festival de Cine de Bogotá. Esta película gira en torno a un grupo de músicos que viajan a una hacienda de la Sierra para lograr captar el sonido de los Andes, una película que narra las aventuras, desventuras y contradicciones que enfrentan un grupo de jóvenes en busca de un sonido particular. Esta película destaca por el sonido y las sensaciones que transmite al espectador a través de la música. Es una película en la que la música el sonido transporta a un viaje por la sierra ecuatoriana. Esta se puede considerar la primera película musical ecuatoriana (Carpio de la Torres, 2018).

Sensaciones, se la pasó en cines, de calidad espantosa, recibimos las peores críticas al sonido y decían que la película estaba grabada en, no sabían qué, que no sabíamos grabar audios (…) decían que habíamos utilizado una tecnología tan rara que el Ecuador no la podía pasar (…) era un Dolby que ni siquiera era Dolby porque no pudimos pagar la licencia, era un Stereo Surround y claro las películas antes se hacían en mono (…) aquí se mezclaba los sonidos.[10]

El estreno de esta película da continuidad al nuevo impulso de los cineastas que quieren hacer cine en Ecuador. En *Sensaciones* (1991) la música dirige a la imagen, se puede decir que la imagen está creada para acompañar a la música (Roberts-Camps, 2021).

Las convocatorias a concursos y festivales por parte de instituciones de cultura continúan. Se convocó desde La Secretaría Nacional de Comunicación SENDIP, ASOCINE y Cinemateca Nacional al Primer Concurso Nacional de Vídeo Ficción. En este concurso se presentaron algunos ci-

••••••••••••••

10 Entrevista realizada a la directora Viviana Cordero (20 de enero 2021).

neastas que ya venían trabajando, pero, se presentaron también nombres nuevos. Se presentaron a este concurso: *La Guillite* de Juan Martín Cueva; *Las Tazas* de Guiselle Jaramillo; *Negocios Antiguos* de Roberto Rubian; *Luna de Cristal* de Jaime Cuesta; *La Célebre Celebración* de Ataulfo Tobar; *Yo sí que no tengo a Nadie* de Carlos Naranjo; *As de Corazones* de Helena Corral; *La decisión* Geovany Benítez; *El Milagro* de Hernán Cuellar; *Al Fiolo de un Sueño* de David Grijalba; *El Hombre de la Mirada Oblicua* de Santiago Carcelén; *Febril* de Juan Bustamante; *Pedrito* de Guillermo Kang; *Requiem* de Mauricio Samaniego; *Muerte Lenta* de Martha Hidalgo; *Historia de un Conserje* de Omar Burneo; *Pata de llama* de Amauta Producciones; y, *Renacer* de Lilian Álvaro (Alemán, 2003).

La situación económica en Ecuador siguió siendo complicada. En 1992 la renegociación de la deuda externa, reformas a varias leyes, entre ellas la de hidrocarburos, afectó al financiamiento del sector público. La participación del Estado en los ingresos petroleros era casi nula. Durante el nuevo gobierno de Sixto Durán Ballen el endeudamiento público estaba en ascenso. El gasto a los servicios públicos se redujo. Se inició una campaña de privatización de las empresas estatales. El gasto público para educación y salud bajaron; y con ello la esperanza de una ley de cine o un apoyo de las instituciones del Estado a la producción cinematográfica ecuatoriana.

Se estrenó el corto *Puente Roto* (1991) de la directora ecuatoriana Tania Hermida. Se trata de un cortometraje de ficción que se filmó en Cuenca. Fue una producción de la Escuela de Cine de San Antonio de los Baños, donde estudió cine Tania Hermida (Velasco Andrade & Almachi Barros, 2015).

Durante los años 90 hay que destacar que la televisión y las producciones de televisión tomaron un gran impulso. Desde Ecuavisa se empezaron a financiar varias series. En 1989, se realizó *El ángel de piedra* (1989), dirigida por César Carmigniani, escrita por el colombiano Julio Jiménez. Fue una serie con mucha aceptación del público. La historia gira en torno a Mateo Santini, un niño que pierde a sus padres y sufre el abuso de su madrastra y su padrastro, mientras recibe la visita del espíritu de su padre.

En 1992 se estrenó las series *Lola Calamidades* (1992), dirigida por Juan Carlos Terán. La historia gira en torno a Lola, una joven misteriosa que vive en un cementerio y que sufre de mala suerte, y Claudio, un hombre que la ama desde la infancia. *La Baronesa de Galápagos* (1992) dirigida por Carl West, miniserie basada en la novela *La maldición de la tortuga*, narra hechos reales ocurridos en las islas Galápagos en 1932. La historia gira en torno a una mujer que se proclama dueña de la isla y desencadena una verdadera guerra entre sus pretendientes. Fue adaptada por el escritor colombiano Luis Felipe Salamanca, los libretos fueron escritos por Luis Felipe Salamanca con Darío García.

En 1993, Carl West dirigió *Los Sangurimas* (1993) basada en la novela de José de la Cuadra que lleva el mismo nombre. Narra la saga de una familia montubia que se enfrenta al Estado, imponiendo su propia ley, anclada a los ritos de la vida rural.

Es el inicio de las series de televisión ecuatorianas, durante los años noventa se produjeron series cómicas como *Dejémonos de vainas* (1991-1999), en donde la serie retrataba con humor a la típica familia de clase media quiteña (los Vargas) y las situaciones que vivía cotidianamente; y *Mis adorables entenados* (1989-1991). Carl West, estrenó la miniserie televisiva *A la Costa*, basada en la obra de Luis A. Martínez en 1995. La miniserie recrea la historia de Salvador, un joven de la aristocracia quiteña que viaja a la costa ecuatoriana para hacerse cargo de una hacienda heredada de su padre. Allí conoce a Luciano, un campesino que se convierte en su amigo, y a Marianita, una bella mestiza de la que se enamora. La miniserie muestra el contraste entre la cultura serrana y la costeña, así como los conflictos sociales y políticos de la época (Garcés Vargas & Prieto Ochoa, 2011).

Mientras que las producciones de televisión tenían un crecimiento importante, entre 1992 y 1995, se estrenaron pocas producciones cinematográficas. El largometraje vuelve a quedar relegado. Yanara Guayasamín, estrena su cortometraje *Deuda* (1993). Se exhibió el corto, *Cómo se hizo mujer mi niña* de Rubén Martínez. El director alemán Richard Blank filmó con guion de Pablo Cuvi el mediometraje de ficción *La Última Escapada* (1994). El Trabajo de Cuvi ganó el Concurso Nacional de Guiones convocado por Asociación Humbolt y ASOCINE, se filmó con autores ecuatoriano y se editó en Alemania (Gómez Semanate, 2014).

Los indígenas, críticos ante el papel hegemónico que hasta entonces habían jugado los medios audiovisuales, usan la tecnología de la imagen para autorepresentarse. Surge así el vídeo indígena como testimonio de la vida, las costumbres y luchas de las comunidades realizadas desde sus propias necesidades (León Mantilla 2010, p. 74).

Las comunidades indígenas buscaban recuperar su identidad a través del cine. Ya constituidos en la CONAIE, se convocó en 1993 el Primer Festival de Cine y Vídeo de las Naciones ABYA YALA. Se propuso que el festival se repitiera cada dos años. A este festival se presentaron trabajos de 14 países. De 130 obras se premió a *AMARU* de Oswaldo Guayasamín (de Celis Pastor, 2014).

En 1993 Jorge Fegan, uno de los actores destacados en los primeros años del cine en Ecuador, murió de un infarto a los 61 años de edad, en México. Fegan fue uno de los pioneros del cine en Ecuador, y participó en más de 200 películas y series de televisión, tanto en su país natal como en México. Algunas de sus obras más conocidas son *Rojo amanecer* (1989), *Principio y fin* (1993), *El imperio de la fortuna* (1986) o *Canoa* (1976). Fegan ganó el premio Ariel por su coactuación en *Rojo amanecer* (1989), una película que retrata la masacre estudiantil de 1968 en la Plaza de las Tres Culturas en Ciudad de México.

En 1994 en un intento por retomar la ayuda a la producción cinematográfica, el Congreso Nacional aprueba un Proyecto de Ley de Cine, en él se aprueba la creación del Instituto Ecuatoriano de Cinematografía y el Fondo Nacional de Cinematografía FONACINE. Se proponía financiar el proyecto con la creación de un impuesto del 1% sobre el costo de la publicidad comercial en canales de TV nacional. El proyecto de Ley de Cine, fue vetado en su totalidad por el presidente de la República. Lo que implicó un nuevo revés a la producción cinematográfica ecuatoriana. El proyecto de una Ley de Cine en Ecuador parecía cada vez más lejano (Loaiza Ruiz & Gil, 2015).

Al excesivo endeudamiento público que inició a partir de 1992 y la eliminación del Comité de Crédito Externo, a la privatización de los servicios públicos y la supresión de puestos de trabajo y subsidios se sumó en enero de 1995 el enfrentamiento armado entre los ejércitos de Ecuador y Perú, por el territorio no delimitado en la zona del Alto Cenepa que correspondía al destacamento Tiwintza. Se logró el acuerdo de cese el fuego el 13 de febrero del mismo año. Esto complicaba mucho más la situación política y económica de Ecuador (Carrera Maila & Uvidia Cañizares, 2017).

En 1995 se estrenó el mediometraje de *El Gran Retorno* (1995) de Viviana Cordero. Se trata de una comedia que cuenta la historia de una madre que se emociona con el regreso de su hijo, que ha vivido 15 años en Estados Unidos, pero que se decepciona al conocer a su nuera, una mujer muy diferente a lo que ella esperaba. El mediometraje muestra el choque cultural y generacional entre los personajes, y las situaciones cómicas y dramáticas que se derivan de ello. El mediometraje fue el primer trabajo de Viviana Cordero como directora y guionista, y se basó en su propia experiencia como migrante. El mediometraje ganó el premio Sol de Oro al mejor mediometraje en el Festival de Cine y Vídeo Demetrio Aguilera Malta en 1995, y también recibió el premio al mejor guion y a la mejor interpretación femenina. El mediometraje se convirtió en una teleserie de 24 capítulos, que se transmitió por Teleamazonas en 1996, y que también fue galardonada con el premio Ernesto Albán Mosquera al mejor logro audiovisual en 1998 (Dillon, 2005).

Pasaron cinco años para ver un nuevo estreno de largometraje de ficción ecuatoriano. La segunda película del director Camilo Luzuriaga *Entre Marx y una Mujer Desnuda* (1996), basada en la novela del escritor Jorge Enrique Adoum, esta película se realiza en la ciudad de Quito, su producción se inició en 1994. Esta película narra en primera persona la historia de Galo Gálvez, un intelectual que se debate entre la desestructuración del Partido Comunista en la década de los 70 y su desgastada relación con su novia Marga María.

La puesta en escena rescata el conflicto de los personajes, que se visibiliza en las imágenes nocturnas de las calles del centro de la ciudad de Quito. Una película cuyo montaje escenográfico requirió de presencia de cientos de extras para una escena. Representó un complejo trabajo de adaptación de escenarios, vestuario y attrezzo. Esta producción se realizó en una época de ayudas y auspicios gubernamentales inexistentes (Ospina García, 1994).

La película asume la voz crítica y frustrada, a través de un escritor en ciernes, de la juventud militante de un Partido Comunista que en la década del 70 impone, como lo hizo en la mayoría de países del globo, una política que atendía a las necesidades geopolíticas de la Guerra Fría antes que a las demandas de la realidad local (Luzuriaga, 2013, p. 78).

Entre Marx y una mujer desnuda (1996) fue una producción de El Grupo Cine. Obtuvo varios reconocimientos a nivel nacional e internacional. El premio Coral, en La Habana. Mejor guion y Banda Sonora en Triesti Italia. La banda sonora de la película la componen Hugo Hidrovo, Jaime Guevara, Ataulfo Tobar y Diego Luzuriaga (Velazco, 2002). Dos años después del estreno de la película *Entre Marx y una Mujer desnuda* (1996) se convocó la cuarta edición del concurso *Mujer, Imágenes y Testimonios* en donde se premió la película.

En 1996 se estrenó el corto *Yo si no tengo a nadie* (1996), de Carlos Naranjo, con el que ganó mención de honor en el Festival del Sol, Cuzco Perú. Se trata de un drama que narra la historia de un joven que vive en la calle y que se enamora de una prostituta, pero que se enfrenta a la violencia y la indiferencia de la sociedad. El corto es una crítica social y una reflexión sobre la marginalidad, la soledad y el amor.

En 1996 el municipio de Quito, liberó el precio de las entradas al cine, con la aprobación de la ordenanza 3184 de Espectáculos Cinematográficos. Entraron en Ecuador cadenas de cines Multicines y Cinemark. En un inicio se instalaron en la ciudad de Quito. Después abrieron salas en Guayaquil y Cuenca. Estas salas acapararon las proyecciones de películas en el país cerrándose poco a poco los cines tradicionales, algunos quedando únicamente como teatros o para proyecciones puntuales para colegios o escuelas (Loaiza Ruiz & Gil, 2015).

El Centro de Formación Cinematográfica SEFOCINE[11], capacitó y trabajó con cien niños guayaquileños en la realización del vídeo *Historias Cotidianas* (1998). Se trató de un proyecto de educación audiovisual que buscaba fomentar la creatividad y la expresión de los niños a través del lenguaje cinematográfico. El vídeo «Historias Cotidianas» recoge las vivencias, sueños y problemas de los niños participantes, que pertenecían a sectores populares de Guayaquil.

En los 90, aparece una segunda generación de cineastas que, alejados del realismo social y de los ideales nacionalistas, otorgan mayor importancia a los aspectos formales del lenguaje fílmico y a la factura técnica de la obra. Entre ellos se destaca la primera promoción proveniente de la Escuela de San Antonio de los Baños: Carlos Naranjo, Tania Hermida, Diego Falconí, Fernando Mieles y Alan Coronel. A estos cineastas se sumaron un buen número de realizadores que cursaban estudios en Europa y Estados Unidos: Sebastián Cordero, Miguel Alvear, Juan Martín Cueva, Yanara Guayasamín, León Felipe Troya, los hermanos Wilson y Sandino Burbano, entre otros (León Mantilla, 2010, p. 73).

En 1999 se estrenaron dos largometrajes de ficción en el mismo año. Fue un año fructífero para la producción cinematográfica. Se estrenó el documental de Yanara Guayasamín, *De cuando la Muerte nos visitó* (1999). Recibió el premio OCIC para su post producción. Este documental trata sobre las costumbres, tradiciones y creencias en torno a la muerte. Filmado en una comunidad de la costa ecuatoriana, la directora se acerca y se sumerge desde sus vivencias en la concepción de la muer-

· · · · · · · · · · · · · ·

11   Organización que busca propiciar la gestión de niños, niñas y adolescentes en procesos participativos de comunicación. CEFOCINE desarrolla sus actividades a través de la integración entre comunicación y la educación con el fin de aprovechar en forma crítica y creativa el gusto y la fascinación que despiertan los medios masivos y las tecnologías de información https://bit.ly/3CFjl1f

te que tiene la comunidad. Este acercamiento a la muerte se convertirá en una experiencia personal para la realizadora, debido a que, mientras filmaba el documental debe enfrentar la muerte de su padre. Nos adentra a las costumbres, tradiciones y ritos que conciben a la muerte como un proceso natural. Víctor Arregui, realizó su primera producción audiovisual, el corto *El Tropezón* (Celi & Foncseca, 2019).

En junio de 1999 se estrenó el largometraje *Sueños en la Mitad del Mundo...Cuentos Ecuatorianos* (1999), dirigida por Carlos Naranjo y producida entre España y Ecuador. Esta película se desarrolla entre tres historias, en las que los personajes se verán en situaciones en las que sus sueños se mezclan con la realidad. Las protagonistas tres mujeres, envueltas en una historia de pasión, mitos y traiciones. Esta es una película en la que los sueños y la realidad pueden llegar a confundirse (Dillon, 2014).

Para finales de año se estrenó en las salas de cine ecuatorianas la ópera prima de Sebastián Cordero *Ratas, Ratones y Rateros* (1999). Previo a su estreno nacional esta película se presentó en el Festival de Venecia. Recibió el premio en el Festival de Cine Latinoamericano de Trieste, Italia, como mejor película y mejor ópera prima. En el Festival de Cine Iberoamericano de Huelva (España) obtuvo el premio a la mejor opera prima y Carlos Valencia al mejor actor. En el XXI Festival de la Habana obtuvieron el premio a la mejor edición. Alcanzaron una taquilla de más de 110.000 espectadores (Cordero, 2010).

Sólo a finales de la década e inicios del nuevo milenio se registran novedades: hacia 1999 por primera vez coexisten en cartelera dos títulos nacionales de largometrajes de ficción: *Sueños en la mitad del mundo* (1999), de Carlos Naranjo y *Ratas, ratones y rateros* (1999), de Sebastián Cordero, siendo esta la obra que inaugura el período más prolífico del cine ecuatoriano e impone un tipo de escritura cinematográfica que, como hemos señalado, se vería fagocitada a sí misma casi 20 años después (Serrano Salgado, 2020).

Ratas, Ratones y Rateros (1999) es la historia de Salvador, joven que inicia con un robo en las calles de Quito. Su vida cambia con la llegada Ángel, su primo, un ex convicto que se esconde en casa de Salvador. Esta película relata de forma irónica y con cierto sarcasmo la realidad social de Ecuador, y las particularidades de Quito, sus prejuicios sociales y de clase. Para Christian León, esta película «tiene el acierto de abordar la violencia callejera sin moralismo ni moraleja redentora, y hacer de la delincuencia el pívot para la tragedia del individuo —mérito compartido con muchos otros filmes del realismo sucio—» (León, 2005, p. 51).

Los personajes de Ángel y Salvador son totalmente diferentes, aunque tienen un nivel de vida difícil. Salvador se dedica a robar, pero tiene miedo, es tímido, en este caso representa la concepción que tenemos del serrano, mientras que Ángel es desinhibido, no tiene miedo y corre riesgos. Es un buscavidas y representa al costeño. Ángel propone realizar un asalto a una residencia familiar con el fin de obtener el dinero necesario para el hospital de su tío malherido. Salvador, decepcionado de su primo, se niega, pero su amigo Marlon secunda a Ángel. Cuando empiezan a vaciar la casa, el dueño los sorprende. Se produce un tiroteo y Marlon queda herido. Ángel lo abandona y escapa con el botín dejando atrás amigos y familia. El desenlace de la película revela la condición del marginal: su imposibilidad de construir relaciones sociales estables y vínculos de pertenencia, su infidelidad a un territorio simbólico determinado, llámese familia u hogar, ciudadanía o polis, cultura nacional o Estado. El marginal es un individuo que habita el territorio de forma provisional, por esta razón no puede construir un proyecto a largo plazo que involucre un horizonte compartido con el resto de miembros de una sociedad. Se mueve en los espacios pantanosos de la descomposición social donde los cimientos del sujeto son débiles (León, 2005, p.51). «Ratas, Ratones y Rateros es considerado un relato sobre la pérdida de la inocencia, a través de la historia de un joven sin oportunidades y sin sentido en su vida» (Loaiza Ruiz & Gil, 2015, p. 58). La calidad narrativa de esta película y la narrativa atrajo la crítica nacional e internacional.

Tras *Ratas, Ratones y Rateros* (1999), el cine ecuatoriano no volvió a ser el mismo. La producción cinematográfica creció y se puede decir que la película de Sebastián Cordero, al igual que lo hicieron *El Tesoro de Atahualpa* (1924) y *Dos para el camino* (1981), dio paso al tercer boom del cine ecuatoriano, el cual se mantiene hasta nuestros días (Orellana, 2018, p. 73).

La década de los 90 terminó con el derrocamiento del presidente Abdalá Bucaram. Fue un gobierno lleno de escándalos económicos y políticos que provocaron protestas populares encabezadas por las organizaciones sociales y el movimiento indígena. En un escenario de protestas en febrero de 1997 el presidente fue destituido por el Congreso Nacional. Bucarán fue el primero de tres presidentes destituidos durante ocho años. Un gobierno transitorio convocó a las elecciones. En agosto de 1998 asumió la presidencia Jamil Mahuad Witt. Su gobierno firmó el acuerdo fronterizo con Perú. Durante su gobierno Ecuador entró en una profunda crisis económica. Se establecieron políticas de «salvataje bancario». El Estado entregaba créditos y se hacía cargo de las deudas de la banca privada. El 8 de marzo de 1999, se declaró un «feriado bancario» de 24 horas, medida que se extendió durante un año. Se suspendieron las operaciones financieras y se congeló los depósitos de más de dos millones de sucres, la moneda ecuatoriana (Galarza Neira, 2010). El Sucre, moneda nacional hasta esa fecha, empezó a devaluarse de forma acelerada. Se cerraron casi un 70 % de las instituciones financieras del país. En 1999 el Sucre se devaluó en un 195%. El desempleo y el subempleo aumentaron. Se inyectó 1.600 millones de dólares del Estado a los bancos quebrados. El costo del «salvataje bancario» ascendió a 6.000 millones de dólares, ocasionando deterioro de las finanzas públicas, desempleo, y que miles de ecuatorianos perdieron su dinero en manos de los bancos. El endeudamiento interno y externo hizo que se restase el presupuesto a salud y educación. Como consecuencia se inició una masiva emigración a países como España e Italia. La década de los noventa se cerró con una serie de crisis sociales y políticas, un ambiente de protestas contra el gobierno y los bancos, debido a la inestabilidad económica y a las medidas adoptadas por el gobierno (Beckerman & Solimano, 2002).

4. CRECIMIENTO Y DIVERSIFICACIÓN DE LA PRODUCCIÓN CINEMATOGRÁFICA (2000-2010)

La década del 2000 se inició con un Ecuador sumido en una profunda crisis económica. En una medida desesperada por salvar la economía el presidente Mahuad adoptó la dolarización. Ecuador renunció a su política económica. El dólar estadounidense se convirtió en la moneda oficial remplazando al sucre. Esta medida no frenó los levantamientos y las movilizaciones sociales. El 21 de enero del 2000 se produjo un nuevo golpe de estado. Miles de indígenas marcharon desde todo el país y se reunieron en Quito para exigir la destitución de Mahuad. A la Confederación de Nacionalidades Indígenas del Ecuador se sumó un grupo de coroneles liderados Lucio Gutiérrez. Mahuad dejó la presidencia y se exilió en Estados Unidos. Asumió la presidencia Gustavo Noboa, quien fuera el vicepresidente de Mahuad (Cortez Andrade y Tito Garzón, 2020).

En muchas de las producciones realizadas posterior al «feriado bancario», el cine reflejó la difícil situación que debieron enfrentar los ecuatorianos afectados por la crisis. La migración, el cierre de los bancos, las protestas o el congelamiento de los ahorros.

La década de los noventa se cerró con dos largometrajes estrenados en un mismo año. Camilo Luzuriaga considera que «con fecha exacta, diciembre del 99, como el nacimiento del cine ecuatoriano, (…) ¿Por qué razón?, porque en ese mes por primera vez en la historia del cine ecuatoriano, se estrenan dos películas de ficción»[1]. A partir de esta fecha los estrenos cinematográficos en las salas de cine fueron más continuos. Aunque los problemas continúan por la falta de apoyo gubernamental durante algunos años.

A Ecuador retornan cada vez más realizadores y directores con estudios de cine realizados en el extranjero. Esto hará que la producción cinematográfica tenga mayor continuidad. El crecimiento de una industria cinematográfica a partir del año 2000 tendrá como factor determinante que marcará un antes y un después en el desarrollo de la producción fílmica ecuatoriana, esto se dio con la aprobación de la Ley de Cine y la inyección de recursos gubernamentales (Loaiza Ruiz & Gil, 2015).

El único estreno cinematográfico que se registró en el 2001 fue el corto *El Descensor* (2001) del director Mauricio Samaniego (Granda

1 Entrevista realizada al director de cine Camilo Luzuriaga el 14 de enero del 2021.

Noboa, 2007). Se trata de un thriller psicológico que cuenta la historia de un hombre que queda atrapado en un ascensor y que empieza a tener alucinaciones y recuerdos traumáticos. El corto explora los temas de la claustrofobia, la culpa y la locura. También se inauguraron las salas de cine *Ochoymedio* en Quito. Estas salas tienen como objetivo promover el cine independiente y el cine nacional ecuatoriano. Se crearon dos salas de cine, en el barrio La Floresta de la ciudad de Quito (Parreño Maldonado, 2014).

Se inaugura en Quito la sala de cine Ochoymedio, proyecto alternativo de difusión cinematográfica con muestras diferentes al de las salas comerciales. En el año 2004 extiende su programación al Museo Antropológico y de Arte Contemporáneo MAAC en Guayaquil. Posteriormente a la ciudad de Manta. Lo dirigen: Ettien Moine, Mariana Andrade, Rafael Barriga, Patricio Andrade y Miguel Alvear. (CAMAS BAENA, 2016, P. 313).

Entre los años 2000 y 2002, en Ecuador se filmaron dos producciones estadounidenses. La primera, *Prueba de vida* (2000) del director Taylor Hackford, en ella actúan Meg Ryan y Russell Crowe. Esta será además una oportunidad para que realizadores y productores ecuatorianos formasen parte del equipo de producción. La locación principal es la ciudad de Quito, aunque en el filme no se menciona a Ecuador. En 2000 John Malkovich filmó parte de las escenas de su película de *The dancer upstairs* (2002) en Quito (Granda Noboa, 2006). John Malkovich estuvo en el país durante tres meses, entre noviembre de 1999 y enero de 2000, para filmar su ópera prima *The dancer upstairs* (2002), una película basada en la novela homónima de Nicholas Shakespeare, que narra la historia de un policía que persigue a un líder terrorista inspirado en Abimael Guzmán, el jefe de Sendero Luminoso. Malkovich eligió Ecuador como escenario de su película por su belleza natural y su diversidad cultural, y también por los riesgos de rodar en Perú, donde se desarrolla la historia original. La película se filmó en varias locaciones de Quito, como el Centro Histórico, el Palacio de Carondelet, el Teatro Sucre y el Hotel Plaza Grande, así como en otras ciudades como Cuenca, Riobamba y Otavalo.

Para nuestra cinematografía los cambios de siglo y de milenio vinieron acompañados por una serie de fenómenos que potenciarían la producción nacional. Entre estos fenómenos podemos anotar el retorno a

Ecuador de cineastas y técnicos formados en el extranjero, la creación de escuelas de cine en Ecuador, la filmación de películas extranjeras en territorio nacional. Pero, especialmente, la inclusión del vídeo digital en los procesos de creación cinematográfica y audiovisual, permitiendo abaratar sustancialmente los costos de producción. (GALARZA NEIRA, 2010, P. 28).

Ecuador arrastraba una profunda crisis social y económica desde final de siglo. Crisis que afectó a todos los sectores del país, en el caso de la industria cinematográfica, los costos de los equipos necesarios para la realización resultaban bastante elevados. La llegada del vídeo digital hizo que los realizadores pudieran acceder a equipos de filmación y empezaran a producir cine con una mayor constancia. Resultado de ello es que durante el año 2002 se estrenaron cinco producciones cinematográficas ecuatorianas. En Ecuador podemos hablar de una formación de directores y equipos técnicos en dos momentos. Una primera que abarca a los realizadores que estudiaron en México, Rusia, Cuba, Estados Unidos y Europa, que se inició en los años setenta y se extendió hasta el inicio del 2000, cuando Argentina abrió un espacio para la capacitación cinematográfica.

Un segundo momento cuando las oportunidades de especialización cinematográfica se abrieron en Ecuador a finales de los años 90 con la Escuela de Cine de la Universidad San Francisco de Quito y el INCINE Tecnológico Universitario de Cine y Actuación en el año 2005. Para Gabriela de la Vega Velastegui (2016) se puede enfocar formación cinematográfica desde dos líneas de acción. La primera desde el interés de quienes quieren dedicarse al cine por estudiar y especializarse, dentro y fuera de Ecuador. Y la segunda desde el fortalecimiento de los conocimientos en la práctica, realizando cortometrajes y talleres de perfeccionamiento. También con la generación de festivales que propiciasen los espacios de diálogo.

En 2001, se constituye la Corporación Cine Memoria, relacionada al cine documental, la cual desde 2002 organiza el Festival Internacional Encuentros del Otro Cine, EDOC, (…) En 2003, se lanzó el Festival Iberoamericano de Cine Cero Latitud, un espacio que expande sus estrategias, de la proyección de cine latinoamericano de autor hacia las prácticas de fomento a proyectos emergentes de cine ecuatoriano, y a la educación no formal a través de cursos y talleres. (…) Chulpicine, festival itinerante de cine infantil y juvenil que ofrece programación fuera del espectro Disney.

(DE LA VEGA VELASTEGUI, 2016, P. 31).

El Festival Internacional de Cine Documental «Encuentros del Otro Cine» EDOC se realizó en las salas de cine Ochoymedio. En el año 2002, «el festival empoderó el documental en la intelligentsia de la ciudad y del país a fuerza de calidad en la programación, constancia en la organización y encanto» (Luzuriaga, 2017, p. 2). Desde el 2012, el EDOC se realizó de forma consecutiva todos los años. Es el festival más antiguo de Ecuador (Luzuriaga, 2017). El festival fue fundado por un grupo de cineastas agrupados en la Corporación Cinememoria. Estos cineastas han creado proyectos de formación y de divulgación del cine ecuatoriano. Nació con la idea de expandir la mirada y comprensión del mundo (Flores Velasco, 2014).

Al crear el Festival Internacional de Cine Documental esta organización se centra en realizar esta actividad anualmente para mantener sus objetivos. Cada año el festival crece a medida de la gran acogida que existe del público, ocasionando un mayor desarrollo de la cinematografía ecuatoriana. El documental independiente se reinventó, ofreciendo al público de manera particular, un distinto panorama de sus tendencias y creaciones, exhibiendo más de 300 documentales en los últimos cinco años.

(CAMAS BAENA, 2016, P. 312).

Luzuriaga (2017) hace una reflexión sobre los géneros propios del cine ecuatoriano de ficción, tomado peculiaridades que se repiten constantemente como elementos identificativos de un género o géneros en particular. El autor esboza cuatro géneros propios de la cinematografía ecuatoriana; el cine graduado, el melodrama kichwa, el cine de hacienda y el cine de acción montubio. Al igual que Luzuriaga, Christian León (2015) analiza cinco temáticas recurrentes o subgéneros propios del documental ecuatoriano. Algunas de estas temáticas se repiten tanto en la ficción como en el documental. Dentro de estas tendencias recurrentes León considera: el documental histórico y de memoria social; el documental de temática social, el documental militante y comunitario; el documental construido en primera persona, y el documental reflexivo que habla de sí mismo. En el cine ecuatoriano podemos observar temáticas recurrentes para la ficción y el documental. La migración resulta una temática abordada por ambos géneros desde 1999. *El lugar donde su juntan los polos* (2002), vídeo digital del director Juan Martín Cueva y *Ecuador versus el resto del mundo* (2001) de Pablo Mogrovejo inician su proceso de producción en 2002 (Camas Baena, 2016, p. 312).

El director Juan Martín Cueva, estrenó su documental *El lugar donde se juntan los polos* (2002). Con esta producción ganó los premios al Mejor Documental en el IX Festival Internacional de Cine de Valdivia en Chile. Este documental se convirtió en el primer largometraje de Juan Martín Cueva[2] (León, 2019).

> *El lugar donde se juntan los polos*, de Juan Martín Cueva, es la primera obra claramente auto -referencial del documentalismo ecuatoriano. Le antecedió, en la modalidad de ficción, *Sensaciones* (1991), largometraje de los hermanos Viviana y Juan Esteban Cordero, quienes se muestran a sí mismos como lo que son o como lo que fueron. (…) En *El lugar donde se juntan los polos*, el autodocumental es el recurso para resolver un problema de identidad personal y nacional, que sería el problema por resolver de la generación a la que pertenece Cueva, aquella de los hijos de una nueva clase media educada de Quito.
> (LUZURIAGA, 2019, P. 54-55).

Este documental está concebido a manera de relato y reflexión en *El lugar donde se juntan los polos* (2002), Juan Marín Cueva hace un recorrido por su historia familiar «bajo la forma de una carta abierta filmada de un padre a sus hijos, nacidos fuera del país, reflexiona sobre temas como la emigración, la identidad y el desarraigo» (de Celis Pastor, 2014, p. 42). El documental relaciona los hechos del pasado que marcaron el futuro y la política latinoamericana y ecuatoriana durante las décadas de las dictaduras militares, represión y exilios. Una revuelta en Quito marca el inicio de una historia que parece cíclica en nuestro país, una mirada al pasado para cuestionar el futuro. Los recuerdos del director se combinan con entrevistas y noticias, en un documental que se asemeja a una

• • • • • • • • • • • • • •

2   Juan Martín Cueva es fundador y director ejecutivo del Festival Iberoamericano de Cine Cero Latitud en el 2002. Dirigió los cortos documentales *Ningún ser humano es ilegal* (2001) y *Marineros* (1997). Estudió Sociología en Quito y dirección de cine en el INSAS de Bélgica. Fue Fundador de Cinememoria y organizador del Festival Internacional de Cine Documental Encuentros del Otro Cine. Fue viceministro de Cultura y Patrimonio y ex director ejecutivo del Consejo Nacional de Cine de Ecuador y docente en varias universidades del país (Moya & Arévalo Paredes, 2004).

confesión, a una compilación de memorias creadas para que sus hijos conozcan sus raíces y su historia (Aguirre Salas, 2015).

Dentro de la historia deportiva de Ecuador, noviembre del 2001 se convirtió en una fecha trascendental para el fútbol. Se jugaron las eliminatorias del mundial de fútbol y la selección ecuatoriana empató a un gol con la selección de Uruguay. Este hecho hizo posible que después de 72 años que la selección de Ecuador jugara por primera vez en el Mundial de Corea y Japón 2002. Jugar el mundial generó un sentimiento de unidad nacional en la sociedad ecuatoriana. Era común escuchar en los estadios y en la calle el «sí se puede». Este partido de fútbol marcó el inicio del documental de Pablo Mogrovejo, *Ecuador versus el resto del Mundo* (2005), que se estrenó en el 2005. La clasificación al mundial resulta el hilo conductor del director para hacer un retrato de la identidad y la cultura de los ecuatorianos. El fútbol hace que Ecuador ocupe un lugar en el mundo. El documental de Mogrovejo traspasa lo deportivo. Se retratan las sensaciones, vidas, creencias y pensamientos de individuos que a simple vista no tienen nada en común, pero que se relacionan y se identifican desde una relación entre el fútbol, la identidad y la cultura (de Celis Pastor, 2014).

> Como *El lugar donde se juntan los polos* (2002) de Juan Martín Cuesta, que bajo la forma de una carta abierta filmada de un padre a sus hijos, nacidos fuera del país, reflexiona sobre temas como la emigración, la identidad y el desarraigo, o *Ecuador versus el resto del mundo* (2001) de Pablo Mogrovejo, cuyo punto de partida, la clasificación de la selección nacional para la Copa del Mundo de Fútbol, tras una interminable ausencia de setenta años sirve como excusa para ensayar una microvisión de la sociedad actual del país, así como una reflexión sobre algunos de los elementos significativos en torno a los que se aglutina la identidad nacional.
> (DE CELIS PASTOR, 2014, P. 42).

Lisandra Rivera y Manolo Sarmiento estrenan en el EDOC su documental *Problemas personales* (2002). Es un documental que aborda una de las problemáticas recurrentes en el cine ecuatoriano de las últimas dos décadas, la migración. Los directores relatan la vida de tres migrantes Antonio, Jorge y Geovany. Durante un año comparten el día a día de los tres personajes. Permiten al espectador entrar en su cotidianidad, la de sus familias y su círculo social. Este documental deja ver a quienes no han migrado cómo viven quienes se vieron la necesidad de dejar el país por falta de oportunidades.

Ser observador y observado se convierte en la premisa del documental *Problemas personales* (2002), que busca comprender como los migrantes entienden su futuro en España y cómo los españoles miran a los ecuatorianos y a sus costumbres. El documental intenta hacer un abordaje sincero y real de la vida de los personajes. Entramos a sus viviendas a la realidad de los pisos compartidos, a la nostalgia de su país, de sus hijos y de sus familias. Nostalgia que se mezcla con la esperanza y los sueños de una vida mejor. Los que se quedan y los no se regresan. Geovany, no logra adaptarse a estar fuera de su país y finalmente vuelve a Ecuador. Jorge y Antonio se quedan con la esperanza de mejorar su vida. Quieren lograr las metas que se plantearon cuando decidieron migrar. Es un documental que no deja conclusiones, muestra los problemas personales de los migrantes y queda abierto para que el espectador lo siga digiriendo (Luzuriaga Arias, 2019).

En el 2002 se estrenó el primer largometraje del director Mateo Herrera *Alegría de una Vez* (2002). Obtuvo los premios a Mejor Película y Mejor Guion en el Festival Internacional de Cine Atlanta Dohlonega 2002 (Granda Noboa, 2006). «Esta es la primera película hecha en Ecuador en digital y con poco presupuesto (casi sin presupuesto), y me parece que a pesar de todos los problemas que tiene, porque es una película bien inocente, tiene algo auténtico, que es interesante»[3]. *Alegría de una vez* (2002), es la historia de Carlos, un chico cuyo único interés es la música. Aparentemente rebelde, su vida da un giro cuando conoce y se enamora de Alegría, una joven misteriosa. Con ella vivirá una historia de amor compleja, pasión, angustia, miedo y felicidad (Carrión, 2007).

El largometraje de Víctor Arregui, *Fuera de Juego* (2002) ganó el premio Cine en Construcción en el 50 Festival Internacional de cine de Donostia San Sebastián, España (Granda Noboa, 2006). Esta «película que ficcionaliza la vida de un joven obsesionado por emigrar del país en el contexto de un suceso de la historia reciente: la crisis bancaria de 1999 y la posterior caída del gobierno responsable de ella» (Luzuriaga, 2013, p. 78-79).

. . . .

3 Tomado de una entrevista publicada en la plataforma Radio COCA al director Mateo Herrera. https://bit.ly/3CGwgQS

En *Fuera de Juego* (2002) la migración y la crisis económica son una temática recurrente tanto en la ficción como en el documental ecuatoriano. Contextualizada en la crisis económica del 1999, esta ficción roza en la realidad de muchas familias ecuatorianas, que encuentran en la migración a España y Estados Unidos la única forma mejorar sus condiciones de vida. En un país sin esperanzas para los jóvenes de escasos recursos, Juan busca por todos los medios conseguir el dinero para emigrar. Esta película está ambientada en el sur de Quito, dentro del contexto de la ciudad, esta se divide entre norte y sur, con marcadas diferencias sociales. El sur está asociado a una clase obrera y campesina, con evidentes problemas económicos. Esta diferencia norte y sur lo veremos en varias películas ecuatorianas, en las que es bastante recurrente asociar los problemas sociales y la realidad más cruda para quienes viven en el sur (Rubio Romero, 2016).

En *Fuera de Juego* (2002) Juan, el protagonista de la película, vive en ambiente familiar conflictivo. Su padre quiere que busque un trabajo, que entre al ejército y se asegure un sueldo todos los meses. El sueño del protagonista es viajar a España. Cree que es la única forma de mejorar su vida y no un trabajo con sueldo mínimo en Ecuador. Su búsqueda de dinero para dejar Ecuador lo lleva a convertirse en delincuente. En esta película Arregui muestra una realidad sin esperanzas para quien nace en el sur de Quito. Es una película de sueños frustrados. Se muestra al protagonista, un joven ingenuo, al que un anhelo de una vida mejor lo convierte en delincuente (Sierra Freire, 2017).

Las luchas del cachascán[4] son el centro de la historia de la película de Viviana Cordero *Un titán en el Ring* (2002). El pueblo de San Ramón de Mulaló es el escenario de una «historia rural» como la llama Cordero. Los protagonistas, un cura y dos niños Martín y Carolina, hijos de padres indígenas, viven con la ilusión de un futuro diferente. San Ramón de Mulaló es un pueblo frío. La fuente de trabajo la dan las florícolas. La vida del pueblo gira en torno al trabajo, la cantina, el cachascán y las ganas de migrar en busca de un mejor futuro.

Los personajes del pueblo se relacionan dentro de la historia, pero cada uno vive sus conflictos y sus necesidades. Lo que saca de la rutina fría y sombría al pueblo es el cachascán y su luchador principal, La Bestia

---

4 Con este nombre se conoce a las luchas libres espectáculo de origen estadounidense semejante a la lucha grecorromana, en el que se autorizan o toleran, reales o fingidos, golpes y presas prohibidos en aquella (Contreras, 2012).

Loca. Es en este espacio donde las historias se entrelazan, y es donde el padre David, el cura del pueblo, decide involucrarse como luchador, pensando que es una posibilidad de ayudar a salir adelante al pueblo (Roberts-Camps, 2021b). Para, Viviana Cordero:

> La historia de los dos niños, del cachascán que había sido parte de un sueño de niñez (…) la historia del cura (…) esa historia que había leído en algún periódico (…) me sacaba de mi zona de confort totalmente, me desafiaba enormemente, me parecía una locura el poder dirigir peleas, luchas (…) la historia de los niños me conmovía, me fascinaba la posibilidad de trabajar con campesinos, de dirigir a niños que no habían actuado, entonces «El Titán» salió de ahí.[5]

El 2002 se realizó la primera edición del Festival Internacional de Cine de Cuenca (FICC). Festival que se realiza hasta la actualidad. En este festival se incluye la ficción como parte de la programación y de las categorías a premiarse (Román Ordóñez & Chérrez Rosero, 2019).

El 15 de enero del 2003 asumió la presidencia el coronel Lucio Gutiérrez, con una plataforma política de tendencia de izquierda y el apoyo de Pachakutik, partido político del movimiento indígena. Con acusaciones de nepotismo y actos de corrupción varios grupos de la capital iniciaron una serie de protestas y exigiendo la destitución de Gutiérrez.

Radio *La Luna* jugó un papel importante en la convocatoria y transmisión de las manifestaciones. Paco Velasco, director de Radio *La Luna*, canalizó el reclamo ciudadano. Tomando las palabras del presidente Gutiérrez se denominaron «los forajidos». Las protestas se iniciaron la noche del 13 de abril del 2005, con golpes de cacerolazos. Las manifestaciones diarias se extendieron hasta el 19 de abril. En medio de enfrentamientos con la ciudadanía los militares retiraron el apoyo al presidente. El Congreso Nacional declaró vacante el cargo de presidente Constitucional y posesionó al vicepresidente Alfredo Palacio como presidente de la República. Esto generó el rechazo de los forajidos quienes pedían «que se vayan todos», haciendo referencia a todos quienes conformaron el gobierno de Gutiérrez y a los congresistas (Unda, 2005).

La evidente inestabilidad política en Ecuador se extendió al gobierno de Gutiérrez afectando a varios sectores, sobre todo al de la edu-

· · · · · · · · · · · · · · ·

5 Entrevista realizada por la autora a la directora Viviana Cordero con fecha 15 de enero del 2021.

cación y a la cultura. Hasta el 2003 en el país se había derrocado a dos presidentes y habían gobernado cinco mandatarios en ocho años. «Se declara el 7 de agosto día del Cine Ecuatoriano en homenaje a Augusto San Miguel y el estreno del primer largometraje ecuatoriano el 7 de agosto de 1924» (Granda Noboa, 2006).

Aunque en Ecuador se vivían épocas de crisis la producción cinematográfica no se detuvo. Este año se estrenaron y se produjeron varios largometrajes, entre documental y ficción. Los festivales cinematográficos ayudaron al posicionamiento de una cinematografía nacional. Camilo Luzuriaga estrenó el largometraje *Cara o Cruz* (2003) ganador del Premio de la crítica en Chicago 2003 (Granda Noboa, 2006).

Cara o cruz (2003) es la historia de dos hermanas mellizas separadas a los ocho años cuando su padre enviudó, que se reúnen 25 años después. Virginia regresa a Quito. Ella ha vivido todos estos años en Nueva York sin contacto con su familia. Viaja para reunirse con su hermana Manuela y con su padre. Virginia marcada por la soledad se refugia en el amor fugaz para sobrellevar las carencias de su infancia. Manuela, está casada, tiene dos hijos, vive en la casa de sus padres, su vida aparentemente perfecta y equilibrada contrasta con la de su hermana. Es una historia de reconocimiento e identificación (Dillon, 2005).

En 2003 se inició la primera edición del Festival Iberoamericano de Cine Cero Latitud, fundado por los directores Juan Martín Cueva y Víctor Arregui. Con el lema *El Cine que Cruza la Línea* y un presupuesto de 200.000 dólares. El objetivo del festival era la difusión y el apoyo al nuevo cine latinoamericano independiente desde la creación de premios y categorías de participación que promovieran el análisis y discusión sobre cinematografía (Parreño Maldonado, 2014).

Jaque (2003), largometraje de Mateo Herrera, ganó la sección Cine en Construcción del Primer Festival Iberoamericano Latitud Cero (Granda Noboa, 2006). «Nos lanzamos a filmar sin un guion es algo que muchos cineastas han hecho; queríamos ver que salía de todo eso»[6]. La película se inicia con las Fiestas de Quito del año 2003. Las fiestas de Quito son el contexto para la historia de Christian y Juan Fernando, amigos de infancia. El tema de las clases sociales vuelve a salir a flote. Ellos vienen de contextos familiares, económicos, políticos e ideológicos distintos. El encuentro de los amigos en el ambiente de las fiestas de

• • • • • • • • • • • • • •

6 Tomado del diario *La Hora* de 26 de enero de 2005 https://bit.ly/3Jatp4T

Quito pone al límite y hace que los personajes se cuestionen su vida y su amistad. El proceso de producción de la película dura casi dos años. Se estrenó en las salas de cine en el 2005 (Alarcón Obando, 2014).

El cine ecuatoriano «post salvataje bancario» incorporó rápidamente la problemática social urbana y, muy especialmente, la temática migratoria, en los argumentos de varios largometrajes de ficción de realizadores ecuatorianos (sin desmerecer el importante rol que juega la migración en la producción documental nacional). (…) Parte de la producción fílmica ecuatoriana realizada a inicios del tercer milenio evidencia las ondas huellas de esa crisis social que le sigue a casi toda crisis económica. Las pantallas (en franca consonancia con las realidades) muestran un Ecuador en el que la migración se presenta como la única solución posible, el único remedio capaz de evitar la catástrofe y, en este contexto, la reflexión acerca de la migración y sus impactos no se hace esperar. (GALARZA NEIRA, 2010, P. 28).

Tiempo de Ilusiones (2003), de German Aguilar y Margarita Reyes, se estrenó en las salas de cine. Es la historia de dos amigas con personalidades totalmente diferentes. Victoria se esfuerza para convertirse en una cantante famosa. Sandra busca el éxito rápido. Ambas migran a España. Esta película refleja la situación y el sufrimiento de los migrantes. Refuerza el concepto melodramático de la migración como un fenómeno que opaca la historia ecuatoriana. La tristeza se mezcla con la tecnocumbia[7] en una historia donde la migración es la forma de alcanzar los sueños (Varela Molina & Zapata Chasiquiza, 2020). A partir del año 2003, más de 100 años después de la invención del cinematógrafo, el cine ecuatoriano ha tenido una existencia continua con estrenos anuales en aumento (Luzuriaga, 2013, p. 78).

Los hechos sucedidos en Quito durante los procesos independentistas se convirtieron en la ambientación de la película *1809-1810: mientras llega el día* (2004), el cuarto largometraje del director Camilo Luzu-

•••••••••••••••

7 Género musical que mezcla la cumbia con instrumentos, sintetizadores y batería electrónica principalmente. Este género musical en Ecuador ganó muchos adeptos en la década de los 90. Interpretado por grupos femeninos es considerado un género musical popular, de fiesta de barrio o de pueblo. En Ecuador, al igual que otros países de Latinoamérica, se fusionó con la música tradicional como el pasillo o el pasacalle. La tecnocumbia se convirtió en un género consumido por los migrantes. Los artistas ecuatorianos son invitados a cantar en las comunidades latinas de Europa y Estados Unidos (Santillán & Ramírez, 2004).

riaga. La «película estrenada en 2004 que recrea momentos significativos del año comprendido entre agosto de 1809 y agosto de 1810, en el cual los quiteños desataron la lucha contra el poder colonial» (Luzuriaga, 2013, p. 79). La historia está basada en la novela *Mientras llega el día* del escritor ecuatoriano Juan Valdano. La trama se desarrolla desde el personaje de Matías Ampudia, bibliotecario que vive y trabaja en la ciudad Quito, y quien mantiene una relación secreta con una mestiza. «Si bien incluye en la trama a personajes y sucesos históricos destacados, incorpora como protagonistas a personajes faccionados subalternos para recrear la vida cotidiana de ese entonces en Quito» (Luzuriaga 2013, p. 79).

En 1809 se dio el primer intento independentista en el que los criollos[8] lograron la destitución Manuel Ruiz Urriés de Castilla y Pujadas quien regía como presidente de la Real Audiencia de Quito e instalaron su propia Junta de Gobierno. Ampudia participó de este levantamiento. Esta primera revuelta fracasó. Ampudia decidió huir de Quito junto con su novia, pero es apresado y herido. Ella ayuda a liberarlo seduciendo al coronel español Manuel Arredondo, jefe de las tropas españolas llegadas desde Lima para reprimir los levantamientos. Esta película se acerca al público a los eventos mitos y tradiciones de una época. Se modela de forma que no es necesario ser ecuatoriano para entender la trama (Dillon, 2014).

Crónicas (2004) fue el segundo largometraje de Sebastián Cordero. Su producción se realizó entre Ecuador, México y España. Participó en la selección oficial del Festival de Venecia y Ganó 12 premios internacionales (Granda Noboa, 2006). *Crónica* (2004) «estuvo seleccionada en el Festival de Cannes en la sección "Una Cierta Mirada" y fue nominado al Gran Premio del Jurado en el Festival de Cine de Sundance» (Alemán, 2012, p. 81).

La historia de *Crónica* (2004) se desarrolla desde el personaje de Manolo Bonilla, un presentador sensacionalista que viaja de Miami a Ecuador, a un pequeño pueblo de la costa en el que se han cometido varios asesinatos de niños. Su idea es atrapar al asesino en serie, al Monstruo de Babahoyo, como llaman en el pueblo. En un altercado salva la vida de Vinicio Cepeda, vendedor ambulante que iba a ser linchado por la muerte accidental de un niño. Cepeda es encarcelado y ofrece al

· · · · · · · · · · · · · · ·

8 Criollos se llamaba a los hijos de padre y madres españoles o europeos nacidos en territorio ecuatoriano. Los criollos participaron activamente en la planificación de la independencia de repúblicas latinoamericanas.

periodista ayudarlo a encontrar al asesino, a cambio de demostrar su inocencia. Poco a poco Manolo se da cuenta que ha sido engañado y ha ayudado al asesino, que en un inicio se presenta como un inocente e ingenuo hombre de familia (Requeijo Rey, 2011). Sebastián Cordero:

A partir de su segundo largo, ha trabajado con un casting internacional (John Leguizamo, José María Yazpik, Leonor Watling, Alfred Molina, Gustavo Sánchez Parra, Iciar Bollarín, Concha Velasco) y sus películas han sido coproducidas por productoras españolas, mexicanas y francesas. Sus películas han tenido un estreno comercial con varias copias de 35 mm en México, Francia, España y Ecuador. Luego de *Crónicas*, Cordero recibió una oferta para dirigir una película con Harrison Ford en Estados Unidos, un proyecto que finalmente se cayó pero que hizo el gesto necesario para inscribirlo junto a los directores latinos que han migrado hacia otras cinematografías. (ALEMÁN, 2012, P. 80).

Durante el 2004, se estrenó en el III Festival Encuentros de Otro Cine, el documental *Aquí soy José* (2004) una codirección de Fernando Mieles y José Yépez (Granda Noboa, 2006). Este documental relata la visita del cineasta Jhosep Morder a Guayaquil, ciudad donde vivió su infancia, a los cuarenta años regresa a la ciudad para exhibir su trabajo cinematográfico.

Aquí soy José vemos dos tiempos de una ciudad y de un individuo en relación a esa ciudad: el pasado y el presente de Guayaquil atravesado por el pasado y el presente de Joseph Morder. Por un lado, el pasado recordado por Morder en su cinematografía y en su mirada hacia la ciudad y por el otro, el presente en un Guayaquil actual que él vuelve a ver y a conocer. Morder viene del pasado y desconoce el presente; los que filman provienen de este Guayaquil actual y desconocen el pasado. *Aquí soy José* se ubica dentro de este cruce de tiempos atravesados por la mirada de la cámara y el tiempo del cine (Gills, 2017. p. 28-29).

En el 2004 en el Cine Ochoymedio Wilson Burbano presentó cuatro cortos de ficción: *Angelus* (que narra la historia de un hombre que vive en un edificio abandonado y que recibe la visita de un ángel que le ofrece una salida a su soledad), *Bodas de Silencio* (que muestra la relación de una pareja de ancianos que viven en un asilo y que se comunican a través de gestos y miradas), *filmados en Moscú* (que explora la identidad de una mujer que se siente atrapada en una ciudad hostil y que busca escapar de su realidad), *Ira muda* (que retrata la violencia doméstica que sufre una mujer por parte de su esposo y que desencadena una reacción inesperada)*; y Solo* (que cuenta la historia de una madre y su hijo que llegan a Nueva York provenientes de un país bombardeado por Estados Unidos), filmados en Nueva York.

En el MAAC cine se presentó, en el 2004, los cortos realizados por el departamento de Producción y Educación Audiovisual de la Universidad Católica de Guayaquil: *Epílogo* de Dyango Safadi; *Testigo Inmóvil* de Gabriela Pesantez y *Concierto para Sordos* de Torfe Quintero.

El documental *Quebradas de Oro* (2004), del norteamericano John Tweedy se estrenó en Zaruma, Portovelo y Quito. Este trabajo recoge testimonios de mineros y pobladores de Portovelo, pueblo minero del sur de Ecuador. *Quebradas de Oro* (2004) es un documental que muestra la historia de la familia del cineasta John Tweedy, cuyo abuelo fue un minero de oro en Ecuador. El documental explora las raíces, los mitos y los conflictos de la familia Tweedy, así como la relación entre el oro, la naturaleza y la cultura ecuatoriana.

La serie de 21 documentales *Ñahui Siecoya* sobre varias etnias y nacionalidades ecuatorianas dirigido por Igor Guayasamin y Lilian Granda obtienen mención de honor en el XXI Festival de Cine de Bogotá (Granda Noboa, 2006).

La producción cinematográfica ecuatoriana se incrementó cada año a través de festivales nacionales y la creación de escuelas de cine y producción audiovisual en universidades e institutos. En 2005 asumió la presidencia de la República Alfredo Palacios, vicepresidente de Lucio Gutiérrez destituido el 20 de abril de ese año. En medio de enfrentamientos y paralizaciones empezó su corto mandato, que concluyó en 2006 con un nuevo llamado a elecciones (Larrea Maldonado, 2014).

Mateo Herrera estrenó en 2005 el documental *El comité* (2005), sobre la vida de los reos del penal García Moreno. En 20 horas de filmación el Movimiento documentalista ciudadano, coordinado por José Yépez, «documenta la situación política de Guayaquil: la Marcha Blanca, el regreso de Abdalá Bucaram, marchas y movilizaciones de trabajadores y vendedores» (Camas Baena, 2016, p. 313). La IV Muestra de Cine Independiente Quito T Muestra, premió como mejor documental a Tresveinticinco de Daniel Andrade. También se premiaron el corto de ficción *Por Ti* de Tito Jara; la Ópera Prima el documental *Mirándonos a través de la*

Locura de María Dolores Zambrano; y el guion de ficción *Te vas a acordar de mí Santiago,* de Rodrigo Haro (Granda Noboa, 2006). Se estrenó el film *Mathilde* (2004), del director Cesar Carmigniani. Esta película trata sobre la vida de la lojana Mathilde Hidalgo de Procel, la primera mujer en estudiar en la universidad. Se convirtió en la primera médica del Ecuador y la primera mujer en votar (de Celis Pastor, 2014).

Soy Defensor de la Selva (2003), del realizador indígena Heriberto Gualinga ganó en la categoría de documental en el concurso por el premio Anaconda Audiovisuales Indígenas en la Paz Bolivia (Granda Noboa, 2006). Heriberto Gualinga, *Soy defensor de la selva* (2003), fue considerado como «uno de los más significativos en la historia de lucha de Sarayaku, se hizo con la plena intención de usarlo como parte de una estrategia más amplia de lucha» (Camacho 2020, p. 13) de los pueblos indígenas ecuatorianos contra las empresas petroleras que contaminan la selva.

> Este documental no solo fue una denuncia, sino también un posicionamiento político e identitario, en la medida en que se comenzó a construir ese discurso dignificante de ellos mismos y su lucha. (...) Tanto el audiovisual *Soy defensor de la selva* en calidad de discurso conscientemente estructurado como la imagen en movimiento sin edición, además de tener un rol en la constitución de una representación de sí mismos, desempeñaron un papel importante dentro del proceso legal que se llevó con la CIDH.
> (CAMACHO 2020, P. 14).

Dentro de la cinematografía la evolución histórica de la producción de cine de las comunidades indígenas o el cine kiwchua han pasado de ser retratados a retratar su realidad. Desde 1999, los pueblos y nacionalidades indígenas empezaron a formar parte activa de la vida política de Ecuador y a empoderarse del discurso político desde su cultura y sus saberes. El cine y la producción audiovisual constituyen una herramienta para las comunidades que buscaban mostrarse desde su identidad. En las décadas de 1970 y 1980 se dedicaron a documentar, con una mirada antropológica, historicista y de denuncia política, el pasado americano de la nación en oposición al europeo, la vida rural en oposición la vida urbana, la vida de los pueblos aborígenes en oposición a la de los blancos y mestizos, la de los pobres en oposición a la de los ricos. Esta generación de documentalistas tampoco se miró a sí misma. Dirigió su mirada al mundo exterior, a los otros, y habló por ellos (Luzuriaga 2019, p. 54).

El colectivo Sinchi Samay, de origen puruwa, a través de sus películas intentó dar personalidad al melodrama o cine kiwchua, haciendo una parodia de Hollywood se presentan como Runawood cuyo: «rol principal es la víctima, sea niño, mujer u hombre en condiciones de debilidad» (Luzuriaga, 2017, p. 9). Las temáticas recurrentes son la pobreza del campo, la falta de oportunidades, la marginación, el sueño de conseguir un mejor futuro que es posible migrando. Entre los films representativos de este género están *Pollito 1* y *Pollito 2*. Camilo Luzuriaga (2017) hace un inciso al melodrama kichwa analizándolo como un género o «embriones de géneros propios del campo cinematográfico ecuatoriano» (p. 15).

La navidad de Pollito (2004), película luego conocida simplemente como *Pollito 1* (…) *Pollito 2* (…) trata del padre viudo que deja a su pequeño y único hijo al cuidado de la abuela en su casa del campo andino, para emigrar a España y ganar dinero. Pero un ladrón rompe su ilusión tan pronto llega a Quito. Sin embargo, persiste en trabajar para recuperar el dinero robado y viajar, mientras que su hijo sufre la muerte de su abuela y debe subsistir de betunero en el pueblo cercano. El padre, de pronto arrepentido, regresa a su comunidad para encontrarse con un hijo abandonado al borde de la muerte, víctima de otros ladrones. Al final, el padre jura que no volverá a abandonarlo nunca más; ni a él, ni a su tierra.
(LUZURIAGA, 2017, P. 9-10).

Los realizadores indígenas generaron contenido desde sus realidades y sus códigos desde su cultura. Se muestran desde dentro de su simbolismo, el uso del lenguaje, tradiciones y costumbres. Los pueblos y nacionalidades dejan un legado a través del audiovisual. Ecuador es un país pluricultural en el que conviven varias culturas con tradiciones y formas de entender el mundo diversas (León Mantilla, 2010).

En la Amazonía ecuatoriana se realizan diversos trabajos audiovisuales al interior de las comunidades, como la premiada obra del fotógrafo, músico y documentalista kichwa Eriberto Gualinga, de la comunidad de Sarayaku. Sus obras *Sachata Kishipichik Mani/Soy Defensor de la Selva* (2003) y *Sisa Ñambi/El Camino de las Flores* (2010) han ganado premios en festivales internacionales como el festival de CLACPI en 2006 y 2010 respectivamente. El trabajo de Gualinga demuestra un cuidadoso manejo de la cámara y del sonido, incorporando el canto de mujeres kichwas y sonido ambiental de la selva en su banda sonora. Su estética es de observación pausada del entorno natural, adonde la selva no es un fondo sino un protagonista de la obra. Al mismo tiempo, sus obras son registros de resistencia indígena, usadas ampliamente en la difusión de la defensa territorial de la comunidad de Sarayaku. (CÓRDOVA, 2011 P. 99-100).

El contexto de las producciones indígenas es «al igual que los términos nativos, indígenas y originarios, el vídeo indígena se ha apropiado y re-significado conscientemente como una postura o posición política fundamental para las luchas indígenas por la autodeterminación» (Córdova, 2011, p. 85).

Alberto Muenala, Eriberto Gualinga, Humberto Morales, Diego Cabascango, Tupak Gualan, son algunos de los nombres de realizadores indígenas que resuenan en la producción audiovisual ecuatoriana. Sus producciones son diversas, van desde un contexto político, de visibilizar las problemáticas sociales y de lucha, en relación a la protección de la naturaleza, de sus comunidades y derechos a la tierra y el agua. El tono melodramático, con gran acogida en las comunidades rurales y en las comunidades de migrantes, presenta una realidad cercana. Relata el drama del sufrimiento del indígena del migrante (Muenala Vega, 2016).

El incremento en las producciones y estrenos cinematográficos desde finales de los 90, junto con la creación de festivales y carreras de especialización cinematográfica en universidades e institutos, hacen evidente la urgencia de una ley para el apoyo al ejercicio cinematográfico en Ecuador. Hasta el 2006 las producciones cinematográficas se realizaban como coproducciones internaciones, apoyo o colaboraciones o financiación de la empresa privada. Esto cambió de pauta dentro de los films.

Es importante destacar que entre 1977 y 2006, solo se identifican incentivos económicos en formato de beca de cooperación para la formación en cine; es decir, la educación vinculada al campo cinematográfico no fue un asunto de interés en la agenda pública, ni tampoco lo fue la articulación de la profesionalización con procesos de producción y circulación del cine.
(DE LA VEGA VELASTEGUI, 2016, P. 50-51).

Pasados 20 años de la creación de ASOCINE, y de la presentación de la primera propuesta de Ley de Cine por Gustavo Guayasamín, el 24 de enero de 2006, durante el gobierno de Alfredo Palacios el Congreso Nacional aprobó la eliminación de las preferencias arancelarias y la supresión del porcentaje propuesto sobre el fondo de cultura para el Fondo de Cine. Tanto el Banco de Fomento como la Corporación Financiera, se vieron obligados a generar créditos de preferencia para la cinematografía. El 3 de febrero de 2006 se aprobó el decreto ejecutivo N° 1969 (Loaiza Ruiz & Gil, 2015, p. 62), y en el Registro Oficial se inscribió la Primera Ley de Fomento al Cine Nacional y se creó el Consejo Nacional de Cinematografía.

> La dinámica que se produce tras aquellos estrenos de Cordero y Naranjo sería clave para que, en el año 2006, se apruebe por primera vez una ley de cine en Ecuador dando lugar a una verdadera «primavera audiovisual» facilitada por la llegada de Rafael Correa al poder el año 2007. Así, durante una década, se sentaron las bases para el más largo período, durante la historia republicana, de aplicación de políticas públicas de apoyo para el cine y el audiovisual ecuatoriano. Basado en gran medida por el impulso normativo, institucional y legal que se hace posible a la luz de la Constitución de Montecristi.
> (SERRANO, 2019, P. 209).

El Congreso Nacional aprobó la ley con el considerando:

Que, por mandato constitucional, el Estado debe promover y estimular las manifestaciones culturales y las expresiones artísticas, que son parte esencial de la identidad nacional. Que las actividades cinematográficas se han constituido en una importante colaboración para la sociedad ecuatoriana, contribuyendo en forma positiva en la difusión y el conocimiento de valiosos aspectos de las costumbres, historia, desarrollo de nuestro país y de las expresiones culturales de la identidad nacional. Que las actividades de las empresas cinematográficas se han constituido en fuentes generadoras de ingresos, trabajo y promoción del país, mereciendo innumerables distinciones y reconocimientos que redundan en su beneficio. Que es necesario adoptar una normativa e incentivos para la promoción y el estímulo de estas actividades productivas que privilegian las manifestaciones culturales. Y, en ejercicio de sus facultades constitucionales y legales, expide la siguiente: ley de fomento del cine nacional (Asamblea Nacional, 2006)[9].

· · · · · · · · · · · · · · ·

9 Ley de Fomento del Cine Nacional (Quito, 6 de febrero de 2006).

La Ley de Cine como se menciona en el Artículo 1, se crea para regular e incentivar la industria cinematográfica ecuatoriana. Con este objetivo se crea el Consejo Nacional de Cinematografía. Se hace una excepción a los beneficios de la Ley para las producciones cinematográficas con fines publicitarios, telenovelas o producciones para televisión. El Consejo Nacional de Cine o CNCine, «Es el organismo encargado de dictar y ejecutar las políticas de desarrollo cinematográfico en el Ecuador» (Ley de Cine Art. 6). El CNCine está conformado por un directorio que englobe a todas las partes involucradas en el quehacer cinematográfico.

La difusión y financiación para la producción cinematográfica generaron un incremento exponencial en las producciones cinematográficas ecuatorianas. Sumado a la Ley la creación de nuevos institutos dedicados a la formación cinematográfica podemos ver un incremento en los estrenos anuales, de largometrajes de ficción y de documental, así como cortometrajes que generalmente son producto del trabajo de las carreras de cine.

A partir de la aprobación de la Ley el CNCine se empezaron a realizar concursos de fondos para la realización cinematográfica. Se promovieron fondos concursables para las fases de preproducción, producción y post producción, así como ayudas para la difusión de las obras artísticas; «este mecanismo permite que exista una dinámica de producción continua; mientras unos proyectos se estrenan, otros están en camino, en sus fases de desarrollo, rodaje o posproducción (Loaiza Ruiz & Gil, 2015 p. 62). El CNCine junto con la cinemateca de Casa de la Cultura Ecuatoriana mantiene un registro de las producciones fílmicas ecuatorianas.

La Ley de Cine de Ecuador, que fue promulgada en 2006 y por lo tanto anterior a la presidencia de Correa (…), así como la posterior creación del Consejo Nacional de Cinematografía (Consejo Nacional de Cinematografía) o CNCine, recientemente renombrado y reconfigurado como el Instituto de Cine y Creación Audiovisual (Instituto de Cine y Creación Audiovisual) o ICCA, han sido fundamentales en la formación y consolidación de una industria cinematográfica ecuatoriana embrionaria principalmente a través de la distribución de subsidios por una suma de un millón de dólares por año en promedio. Entre 2007 y 2015 CNCine financió casi 400 proyectos.
(PONCE CORDERO, 2019, P. 95).

En 2006 hubo un nuevo llamado a elecciones. Rafael Correa Delgado fue electo presidente de Ecuador, en un clima de inestabilidad política y con una oferta de campaña radical y un discurso «orientados a una lucha entre la ciudadanía y los partidos tradicionales (…) No era extraño escuchar "capitalismo salvaje", "bancocracia" y "partidocracia", en cada una de sus intervenciones y de sus frases de campaña» (Chaparro Medina, 2015, p. 432).

Rafael Correa asumió la presidencia después de siete presidentes en un periodo de diez años. La inconformidad social ante los políticos y los partidos tradicionales que habían formado parte de los gobiernos anteriores, hizo que se reviva la frase «que se vayan todos», que fue el grito del levantamiento de *los forajidos*. Rafael Correa Delgado, era un candidato que había estado alejado de la vida política. Era profesor de la Universidad San Francisco de Quito. En abril de 2005, durante el gobierno de Alfredo Palacio, fue nombrado Ministro de Economía, cargo al que renunció en tres meses por discrepancias con el presidente (Rivera Costales, 2014, p. 126).

Con estos antecedentes y con una candidatura en la que su movimiento presentó únicamente el binomio presidente-vicepresidente, Alianza País abanderó el cambio de la política nacional. Fue una apuesta compleja pero eficaz ante un congreso Nacional y unos diputados cuya imagen estaba totalmente deteriorada.

El proceso electoral de 2006, en el cual el movimiento Alianza PAIS queda como triunfador de la contienda por la presidencia tuvo gran importancia, pues fue una campaña en la que la mayoría de las personas estaban familiarizadas con las propuestas políticas que presentaba el candidato. Esto ayudó para que la imagen política y el contenido de campaña se afirmara sobre propuestas totalmente diferenciadas de la competencia, retomando a la necesidad del ser humano de pertenecer a una sociedad y de ser parte de la construcción de un ideal que en ese entonces era «recuperar la patria».

(CHAPARRO MEDINA, 2015, P. 444).

En enero de 2007 Rafael Correa asumió la presidencia de la república. La Revolución Ciudadana, como se conoce a su gobierno, empezó a generar cambios, el más importante fue el Decreto Ejecutivo 002, para llamar a Consulta Popular y con ello convocar a una Asamblea Constituyente que reformase la Constitución vigente hasta ese momento. Esto acaeció en la eliminación del Congreso Nacional. En 2007 se instaló la Asamblea Nacional Constituyente en Montecristi, Provincia de Manabí, lugar de nacimiento del presidente Eloy Alfaro, líder de la revolución liberal ecuatoriana. Con tres elecciones ganadas, Rafael Correa gobernó durante 10 años. Durante su gobierno se destinaron fondos a la educación y la cultura. «Según el CNCINE, son 57 las películas ecuatorianas estrenadas en salas de cine durante los primeros ocho años de la Revolución Ciudadana –es decir, entre 2007 y 2015–, de las cuales 14 son documentales y las demás son de ficción» (Luzuriaga, 2019, p. 30). Los primeros ocho años a partir de la creación de la Ley de Cine y la implementación de políticas de apoyo, los estrenos de largometrajes ecuatorianos superaron los estrenos de largometrajes de ficción y documental realizados desde la década de los veinte en Ecuador.

El Ministerio de Educación y Cultura, con un Acuerdo Ministerial emitido el 25 de mayo de 2006, creó el *Premio Augusto San Miguel*, el nombre hace un homenaje a Augusto San Miguel, primer director de cine de ficción ecuatoriano. Este premio representó un estímulo para escritores y artistas cuyas obras se encuentran en proceso de creación. El festival otorgó dos «premios económicos, uno para proyectos de ficción, dotado con 25.000 dólares, y otro para proyectos documentales, dotado con 15.000 dólares» (Serrano, 2001, p. 126). En su primera convocatoria se premió al largometraje de ficción del director Víctor Arregui *Cuando me toque a mí* (2007), basado en la novela de Alfredo Noriega *De que nada se sabe* (Granda Noboa, 2006).

En 2006, el IV Festival Cero Latitud premia en la Sección Producciones en Marcha, *Cuba, el valor de una utopía* (Yanara Guayasamín), *Alfaro Vive Carajo, del sueño al caos* (Isabel Dávalos), que fue Premio del Jurado. SIGNIS realiza el Segundo Concurso Nacional de Comunicación Padre Crespi, en el cual se premia el documental *La vida digna de los mineros* (José Antonio Guayasamín) y merecen mención especial el documental Jaime Guevara: entre cuerdas libertarias (Carla Badillo) y *El coro Santa Cecilia* (Rubén Torres Paz). En el 2007 se estrena el documental *Mete gol gana*, dirigido y guionizado por Felipe Terán. (CAMAS BAENA, 2016, P. 312-313).

Desde un acercamiento personal, de recuerdos infantiles de conversaciones familiares, la directora Isabel Dávalos se acercó a la historia de la época en la que surge el primer grupo considerado guerrillero en Ecuador. El documental *Avc: Del Sueño Al Caos* (2007), anticipa esta necesidad del debate y la memoria (Garrido Sanchis, 2018, p. 50). Entre los años 1983 y 1988 se empezaron a conocer las acciones el grupo Alfaro Vive Carajo (AVC). Acciones que tomaron fuerza durante el gobierno de León Febres Cordero.

A través de los testimonios y recuerdos de conversaciones familiares la directora revive una época de miedo y represión gubernamental. Las acciones del AVC se convertían en historias espectaculares de escapes y robos de bancos en una época de desapariciones, tortura y asesinatos realizados por la policía durante el gobierno de León Febres Cordero. El título del documental recoge la frase «Del sueño al Caos», con la que Santiago Kingman exdirigente de AVC se refiere a Ecuador en la época en la que decidieron formar el grupo subversivo. Los testimonios recogidos en el documental generaron un debate sobre los horrores de la presidencia de Febres Cordero. Los testimonios y entrevistas que recoge el documental hacen un llamado a la memoria de una época de la que no se habló durante 23 años en Ecuador. Se relatan los inicios del grupo armado, su rescate del legado político del General Alfaro, el uso de armas, el secuestro y muerte del banquero Nahim Isaías Barquet. Testimonios de torturas, violación de derechos humanos y la perspectiva del presidente Febres Cordero (Aquieta Núñez, 2021).

El «boom petrolero» en Ecuador y la nacionalización del petróleo convierte la explotación de hidrocarburos en la mayor fuente de ingresos para Ecuador. Se inició la perforación de pozos en la Amazonía y la concesión de pozos a empresas internacionales. La petrolera Texaco perforó cientos de pozos en el norte de la Amazonía en la provincia de Sucumbíos. Después de más de veinte años, en 1990, salió del país. Las excavaciones de Texaco dejaron una serie de pozos con residuos de las perforaciones en las zonas de explotación. En el año de 1993, un grupo de pobladores de la provincia de Sucumbíos interponen una demanda contra Texaco por daños a la salud y al medioambiente. Esta demanda se extendió hasta 2011, con litigios en tribunales de Estados Unidos y Ecuador. El documental *Texaco Tóxico Texaco* (2007) del director Pocho Álvarez, aborda la contaminación que dejó Texaco en la Amazonía ecuatoriana (Carvajal Calero, 2015).

Texaco Tóxico Texaco (2007) tiene una estructura de 12 capítulos, que inicia exponiendo el tiempo que Chevron-Texaco tuvo actividades en la Amazonía. A continuación, se muestra la contaminación en las áreas perjudicadas y testimonios de los pobladores afectados durante el tiempo de explotación. Se narra, de forma cronológica, los eventos sucedidos desde la llegada de Texaco al oriente ecuatoriano hasta el planteamiento de la demanda de los pobladores de la zona contra la empresa. *Texaco Tóxico Texaco* (2007) busca visibilizar los efectos producidos por la contaminación de la empresa tanto para el medio ambiente como para la salud de los pobladores. Reivindica la lucha de los líderes de las comunidades contra una empresa multinacional por la reparación de los daños ocasionados. El documental *Texaco Tóxico* (2007) aborda por primera vez un tema ambiental. Se puede considerar un medio de difusión de una realidad invisible para el país, y de un juicio que por las condiciones de los implicados resultaba imposible de ganar. Este se convierte en un material de evidencia del daño ambiental y sanitario ocasionado por Texaco (Romero Albán, 2011).

Las temáticas del documental ecuatoriano han cambiado con los años. De temáticas de corte antropológico como las filmaciones del padre Crespi en las comunidades Shuar del Amazonas, a documentales más modernos como los *Hieleros del Chimborazo* (1980), que exploraba la realidad social de las comunidades indígenas. Actualmente se incluyen temas de denuncia social y ambiental, de reconstrucción de la memoria histórica (Tomaselli, 2016).

Qué tan lejos (2006), de la directora Tania Hermida, se rodó entre Quito, Guayaquil y Cuenca. La historia es el viaje de dos mujeres, Esperanza (turista española) y Teresa o Tristeza (joven quiteña), que se encuentran en un bus rumbo a Cuenca. Teresa se presenta como tristeza, ella necesita llegar a Cuenca para rescatar al chico que quiere de un matrimonio forzado. Esperanza está motivada por conocer el país. Ambas de personalidades diferentes se embarcan en un viaje lleno de obstáculos debido a un paro indígena que deviene en el cierre de las carreteras de la sierra ecuatoriana. Esto las obliga a modificar su ruta (Hermida, Martínez, Vallejo & Aguirre, 2009).

Qué tan lejos es un intento bien logrado de capturar el reflejo completo de la cultura ecuatoriana, con referencias a la religión, las jergas costeñas y serranas, la costumbre de pegar frases atrevidas en los autos o ver la novela por las tardes. Tania Hermida utiliza ciertos arquetipos para mostrar un significado idealista de la vida, sin dejar de lado un leve estilo de realismo mágico que la caracteriza, haciendo la cinta aún más cautivadora.

(OSORIO, 2014, PAR. 6).

Qué tan lejos (2006) es la historia de un viaje, de cuestionamientos personales y sociales. El recorrer Ecuador, la armadura y cuestionamientos sociales de una chica de clase media quiteña y la ingenuidad de una turista se mezcla con la geografía ecuatoriana. Esta se presenta como una historia en la que las dos mujeres compartirán experiencias y aprendizajes. «Con más de 220.000 espectadores, *Qué Tan Lejos*, se convirtió en la segunda película más taquillera del país» (Loaiza Ruiz & Gil, 2015, p. 59).

Qué tan lejos, es una película que cumple con todos los requisitos para ser calificada como una digna representante del cine social ecuatoriano, las protagonistas, ambas mujeres, al igual que su directora, logran capturar la esencia de la sociedad ecuatoriana y permiten hacer una fiel representación de nuestra forma de ser, de nuestros problemas, de nuestras necesidades, pero sobre todo de nuestros anhelos como sociedad.

(DE LA GUERRA ZÚÑIGA, 2020, P. 74).

Álvaro Muriel (2015) se acerca a las mujeres del Centro de Rehabilitación Social Femenino de Quito. Recoge el testimonio y las vivencias de nueve internas en el documental *Ellas* (2007). Durante sus testimonios las internas reflexionan sobre su vida, sus sueños, sus añoranzas, en un ambiente que puede ser hostil. «Una cárcel de mujeres es radicalmente diferente a una de hombres, porque en el caso de las mujeres el delito no está asociado a la violencia sino a una asociación entre la victimización y el delito; y aparte está todo el mundo afectivo[10]». Como se puede ver en el documental las mujeres que se encuentran recluidas están por delitos de tráfico de drogas. Este documental quiere mostrar el día a día de las internas, su convivencia y sueños.

El fútbol es una temática que coincide en la década del 2000 con la primera clasificación de Ecuador al Mundial de Fútbol. Las figuras representativas de la selección de fútbol mayoritariamente son afroecua-

· · · · · · · · · · · · · · ·

10 Diario *El Universo*, del artículo Muriel Presenta 'Ellas', de fecha 26 de diciembre de 2007. https://bit.ly/3t7aDpz

torianos. Muchos de ellos son nacidos en el Valle del Chota. En 2007 se estrenó el documental *Mete Gol Gana* (2007) de Felipe Terán, en el que el director explora el fenómeno del Valle del Chota y sus jugadores. El Valle del Chota está ubicado en la sierra norte de Ecuador, es un asentamiento de afroecuatorianos en la cuenca del río Coca. A partir del repunte de la selección de fútbol se empezó a conocer que muchos de los seleccionados son jóvenes del Chota. La pobreza es un problema social del Chota. Su esperanza es ser seleccionado en un equipo de fútbol profesional nacional o internacional (Mora Manzano, 2007).

En el documental vemos imágenes de niños jugando en las canchas de tierra del pueblo con una pelota de caucho. *Mete Gol Gana* (2007) relata las ilusiones y sueños de los pobladores del chota. La narración se hace desde las figuras de Cristian 'Chucho' Benítez, Ulises de la Cruz, futbolistas ecuatorianos, ambos nacidos en el Chota que juegan en equipos internacionales, y de Jonathan y Romario, dos niños que como sus ídolos sueñan con ser futbolistas.

Es una mirada al rol que juega el fútbol en las comunidades afro del Valle del Chota. El contraste de las imágenes del Valle son las del apartamento en Inglaterra de Ulises de la Cruz que muestra como el fútbol le permitió mejora su vida y ayudar a su comunidad, «Terán toca dos realidades de forma paralela: la de De la Cruz, (…) cuya carrera le ha permitido plantearse otras metas: como su crecimiento intelectual y aportar con obra social a la comunidad de la cual es originario. Y la de los niños del Chota, que son vendedores informales o ayudan a sus padres en las tareas agrícolas y además sacan tiempo para el fútbol[11]». Este documental permite al director hablar de lo que significa el deporte para el Chota, la posibilidad de salir de la pobreza y ayudar a los suyos (Camas Baena, 2016).

Otro documental que aborda la temática del fútbol es *Tarjeta Roja* (2008), de Rodolfo Muñoz, a diferencia del documental de Terán donde se ve al fútbol como la esperanza de un pueblo, el documental de Muñoz hace un abordaje de los problemas del fútbol ecuatoriano, tomando como punto de partida la sanción impuesta a Agustín Delgado[12] durante

• • • • • • • • • • • • •

11 Diario *El Universo*, del artículo *La vida de Ulises de la Cruz fuera de la cancha y los sueños de los niños del Chota*, de fecha 19 de mayo de 2007. https://bit.ly/3vZ2G7B

12 Agustín Delgado (el Tin), futbolista destacado a nivel nacional e internacional, nacido en el valle del Chota jugaba para la selección de Ecuador y equipos de primera división de México e Inglaterra. Antes de su retiro jugó para la Liga de Quito, y fue presidente de un equipo del Valle del Chota. Retirado del fútbol fue electo asambleísta por el partido Alianza País (Muñoz, 2009).

el partido jugado entre Barcelona (de Guayaquil) y Liga Universitaria de Quito. Una tarjeta para el jugador representó una suspensión de un año. *Tarjeta Roja* (2008) juega con el doble sentido de la palabra, el deportivo, pero también el racial.

La política y su intromisión en el fútbol, así como el racismo, es una de las temáticas que se aborda en el documental *Tarjeta Roja* (2008). El racismo es un problema latente en el fútbol, en los comentarios y el accionar de los hinchas. La sanción de Delgado generó polémica, pues se intuye en el documental un trasfondo político, pues, el jugador reclamó públicamente la falta de seriedad en los pagos a los jugadores de la selección después del Mundial de Fútbol de Alemania. El documental hace un análisis de las publicaciones de prensa y los comentarios periodísticos que acusaban a Delgado de haber iniciado una pelea en la cancha.

A partir de un análisis del discurso vertido por la prensa y los comentaristas deportivos ecuatorianos, Muñoz relaciona lo sucedido con el racismo latente en Ecuador, que afecta a los jugadores afroecuatorianos, pese a ser figuras internacionales y tener representatividad a nivel deportivo (de Brito & Ortiz, 2017).

Esas No Son Penas (2006), Anahí Hoeneisen/Daniel Andrade, busca ser una película intimista (Molina, 2017). La película muestra un día en la vida de tres mujeres, amigas de colegio, que se reencuentran después de catorce años. La vida y los problemas de cada una se resumen en pequeñas acciones. De alguna forma esta película quiere mostrar el día a día de las mujeres, el ser madre, la soledad, el descontrol, la frustración por la vida que llevan y la añoranza de una vida que fue. Catorce años sin verse, pese a haber sido las mejores amigas, hace que se cuestionen el rumbo de sus vidas. Poco a poco vuelven a ser las de hace catorce años, con otros problemas y preocupaciones.

El director Tito Molina filmó en España su película *Por qué mueren los castaños* (2007). A diferencia de las películas ecuatorianas que hemos analizado hasta el momento, ésta es la primera filmada fuera del país y en ella participan actores españoles. La trama narra el regreso de Arola a su casa. Ella es profesora de Historia de la Fotografía. Al llegar a su casa de infancia ve que el castaño que está en la puerta empieza a morir. El regreso de la protagonista a Barcelona hace que revivan recuerdos familiares. El castaño aparece en sus recuerdos y el inminente derribo del árbol hace que piense en su vida (Molina, 2017).

Los detalles de la fotografía se mezclan con el cine para narrar la historia en la que queda latente el sentimiento de retorno al país de origen.

¿Por qué mueren los castaños? tiene personajes y escenarios catalanes, pero al no ser completamente hablada en catalán no ha encontrado los recursos para difusión en Barcelona. Lo que nos muestra que el nacionalismo, valga la paradoja, es un problema universal[13].

Cuba, el valor de una utopía (2007), de Yanara Guayasamín, construye una historia en base a los cinco miembros de la generación que vivió uno de los cambios más importantes a nivel social y político de la isla. Este documental habla de lo que significó la Revolución Cubana de 1959 cuando Fidel Castro se convirtió en líder de Cuba. Los acontecimientos y testimonios se mezclan con imagen narradas desde la perspectiva de un poeta, un combatiente clandestino, un pintor, una cantante lírica y de Fidel Castro (Mora Manzano, 2007).

El año 2008 el ejército colombiano bombardeó a miembros de las FARC en suelo ecuatoriano. Se rompieron las relaciones diplomáticas entre ambos países. Se aprobó una nueva Constitución y se realizó un llamado a elecciones generales en las que se eligió Presidente de la República. Este año se incrementó la producción cinematográfica ecuatoriana. Se estrenaron cuatro largometrajes, dos de ficción y dos documentales. Este año se estrenan dos cortos, el cortometraje documental *Y dicen que fue verdad* (2008), de María De Los Ángeles Palacios; y el cortometraje de ficción *Piensa en mí* (2008), de Alexandra Cuesta (Palma Hoyos, 2020).

Dentro del documental la temática del fútbol siguió generando interés en los documentalistas. Se estrena *Va por ti Ecuador* (2008), Erich Gómez Sárrade, documental que relata cómo la Liga Deportiva Universitaria de Quito llegó a ser el primer equipo ecuatoriano en ganar la Copa Libertadores de América. El documental muestra una cronología de los goles que llevaron al equipo a ganar el campeonato. En el documental se recogieron entrevistas y testimonios de los jugadores. Es un documental que busca guardar en la memoria la gloria de la Liga de Quito. El docu-

• • • • • • • • • • • • • •

13 *El Universo*, artículo ¿Por qué mueren los castaños? Sección de Opinión, 22 de junio 2009. https://bit.ly/37v4LOD

mental fue galardonado con el título de Proyecto Cinematográfico por el Consejo Nacional de Cinematografía del Ecuador.

Dentro del género de ficción se estrenó *Retazos de vida* (2008) la tercera película de la directora Viviana Cordero. Esta fue una película en la que se presenta a un Guayaquil glamoroso[14]. La película con tintes melodramáticos cuenta la historia de tres mujeres de generaciones diferentes y sus problemas familiares. Las protagonistas se desenvuelven en el mundo del modelaje. La historia inicia con el regreso de Andrea a Ecuador. Ella ha vivido diez años en España.

El cine ecuatoriano está marcado en sus tramas por la migración e incertidumbre que genera el reconocer la realidad del país. La trama se debate entre los conflictos de dos jóvenes modelos, el amor, la bulimia y las apariencias. La presión de sus padres y los problemas familiares matizan la trama. Un melodrama que mezcla el dinero, las apariencias, el amor y la traición. Un mundo en el que las protagonistas deben luchar para alcanzar su felicidad (Estrella Silva, 2016).

Durante la madrugada un hombre sale de la casa de su amante. El exmarido de la mujer lo sigue y lo apuñala por la espalda. Cuando va a matar a su exesposa su hijo aparece y él sale corriendo a la calle. Este asesinato dará pie a una serie de tragedias relatadas en la película el director Víctor Arregui, *Cuando me toque a mí* (2008). El cadáver del amante asesinado llega a la morgue. En ese momento aparece el personaje principal de la película, un médico forense incapaz de relacionarse socialmente, que se esconde entre los cadáveres que llegan a la morgue.

En la película *Cuando me toque a mí* (2008) a partir de la muerte y de quienes llegan a la morgue se crea una serie de historias paralelas. Esta película nuevamente hace un guiño a la migración en el personaje de la hija de un taxista. Una llamada deja ver que ella es una de las tantas que migraron en la crisis de 1999. Esta película muestra la necesidad de mantenerse vivos para unos y de buscar la muerte para otros. El personaje principal de debate entre el querer y no poder. Quiere salir de su soledad, pero no puede. Finalmente se queda solo tendido en una de las camillas en las que colocan a los muertos con una botella de vodka que lo acompañara durante todo el film. De alguna forma el personaje principal está muerto y su relación cercana con la muerte se puede observar durante toda la película. Esta película relata la amargura y desaliento de

· · · · · · · · · · · · · ·

14 Entrevista realizada por la autora a la directora Viviana Cordero.

los personajes ante las circunstancias que tienen que vivir. Se concibe la muerte desde un fragmento de la sociedad desde la impotencia que da el no pertenecer a grupo influyente y tener que esperar el favor de otros. Ante la muerte se aglutinan todos los sentimientos.

Para el director de *Cuando me toque a mí* (2008) la omnipresencia de la muerte «es un problema personal, un estado de ánimo mío, no de la ciudad de Quito, pero es verdad que a los ecuatorianos nos gusta reflexionar, hablar y hasta reírnos de la muerte[15]». Podemos entender entonces esta película como una reflexión sobre la muerte desde un personaje que solo puede vivir entre muertos (Zaldumbide Lasso & Toro Aguilar, 2014).

Durante el 2009 se registraron 14 estrenos de largometrajes a nivel nacional. La ficción superó en estrenos al documental. El rescate de la memoria desde el cine es lo que se planteaba en *Descartes* (2009), documental del director Fernando Mieles, que en «el espectador verá el reflejo del mundo creativo del director, su mirada personal» (Alemán, 2012, p. 80). Nuevamente el director se acercaba a hablar de cine desde el cine, desde el personaje de Gustavo Valle.

> *Descartes* parte de un guion de ficción (titulado *Making Of*) que narra lo que sucede supuestamente tras las cámaras de un documental sobre un director guayaquileño desaparecido de la historia. Luego de estar mucho tiempo frente a este guion sin tener los recursos ni el apoyo para convertirlo en realidad, Mieles conoce a Gustavo Valle, un hombre que encarna el personaje que él se había imaginado en la escritura. En ese momento, Mieles abandona la idea de hacer una ficción y decide filmar un documental. Aun así, *Descartes* «es un documental que funciona estructuralmente como una ficción».
> (GILLS, 2017, P. 31).

Gustavo Valle es un guayaquileño fotógrafo, que según narra en el documental es el creador de algunos cortometrajes que han quedado fuera de la historia. Las películas existen, pero solo en la memoria de quienes pudieron verlas.

> El hecho de que Mieles tenga sus cimientos en la escritura y en la ficción le permite imaginar una estructura narrativa antes de empezar a filmar,

· · · · · · · · · · · · · ·

15 Tomado del boletín *Gran cine* de la asociación Circuito Gran Cine https://bit.ly/3CG8lvb

estructura que sostendrá a lo largo de la filmación. Ya no será una cuestión de simplemente reaccionar a lo que sucede delante de la cámara; ahora, él hará que las cosas sucedan para él, incluyendo el «error». (GILLS, 2017, P. 31).

La historia de Gustavo Valle trae a la vida esas películas en parte olvidas de la cinematografía ecuatoriana. *Aquí soy José* (2004) y *Descartes* (2009) son películas que abordan la misma temática, desde concepciones artísticas diferentes. *Descartes* (2009) es un documental concebido como ficción, escrito como ficción (Gills, 2017).

A cielo abierto, derechos minados (2009), es un documental del director Pocho Álvarez. Al igual que en *Texaco Tóxico* (2007), habla de la destrucción a la naturaleza, en este caso provocada por la explotación minera en comunidades de Azuay, Imbabura, Loja, Morona Santiago, Zamora Chinchipe y Pichincha. Este documental se presenta en seis capítulos. En ellos vemos la lucha de las comunidades campesinas contra la extracción minera (Carvajal Calero, 2015).

En *A cielo abierto, derechos minados* (2009) en su primer capítulo se contextualiza sobre las marchas de los campesinos y las comunidades indígenas en relación a la aprobación de una Ley Minera entre los años 2008 y 2009. El contexto histórico sitúa al espectador sobre la lucha de las comunidades campesinas en contra de la minería a cielo abierto. Los testimonios de los campesinos de la comunidad de Intag y su lucha contra las empresas mineras que se remonta a 1992 y se recogen en el capítulo «La ambicia viene desde antes».

Las protestas de la comunidad de Intag se extienden hasta el gobierno de Rafael Correa. «La ambicia una corriente que llama llanto», relata la llegada de la empresa ECSA (Ecuacorrientes) a la comunidad de Íntag en 2006 y 2007. Teniendo como referente la comunidad de Intag, se evidencia el proceso de otras comunidades para evitar las concesiones mineras en sus territorios. Se puede observar las manifestaciones de los shuars en el Oriente, mujeres comuneras del Azuay; protestas en El Pangui y Limón.

En *A cielo abierto, derechos minados* (2009) en su tercer capítulo habla de los incidentes entre la policía y los campesinos por frenar el ingreso de las mineras. Se debate la importancia del agua sobre la minería. En los últimos capítulos se presenta las conversaciones sobre la ley minera de campesinos con autoridades nacionales. Es un documental de quienes luchan a favor de la conservación de la naturaleza y el agua para sus comunidades (Carvajal Calero, 2015).

En *A cielo abierto, derechos minados* (2009) muestra la historia de una lucha que para muchos ecuatorianos resulta ajena. Las entrevistas se mezclan con imágenes de la actualidad y con imágenes de archivo histórico. En este caso el director no filma parte del documental. Este se construye en base a los testimonios que cumplen la función del hilo conductor (Carvajal Calero, 2015).

Siguiendo con la idea de rescate de la memoria, el documental *Camilo Egas un hombre secreto* (2009), de Santiago Carcelén. En el que recopila la vida y obra del pintor ecuatoriano Camilo Egas. Testimonios como el de los hijos del pintor permiten construir la historia de la vida del artista. El documental relata, de forma cronológica, la vida del pintor. Se inicia con su nacimiento en la ciudad de Quito, su inscripción en la escuela de Bellas Artes o su viaje a Italia y Roma. Sus hijos recrean la vida del pintor en París y Nueva York, donde fue profesor y director durante 30 años. El director se convierte en narrador. Describe la obra del pintor en sus diferentes etapas y proyectos. Intenta dar una visión completa del personaje y la importancia que este tiene dentro de la historia del arte ecuatoriano (Gills, 2017).

Los Chigualeros (2009), de Alex Schlenker, se acerca a la cultura y la identidad de los ecuatorianos desde la Orquesta *Los Chigualeros*, compuesta por músicos afroecuatorianos que toca salsa y música afro. Este grupo de músicos autodidactas pertenece a la provincia de Esmeraldas, que corresponde el asentamiento más grande de afroecuatorianos. *Los Chigualeros* llevan más de treinta años tocando en escenarios de Ecuador, Estados Unidos y Europa. A través de la música cuentan la realidad del pueblo afroecuatoriano. En el documental se cuenta la historia de Don Segundillo Quintero, fundador y director musical de la orquesta. Don Segundillo ve la orquesta como una familia. Desde la música busca mantener su cultura y la tradición musical del pueblo afroecuatoriano (Roberts-Camps, 2019).

En el 2009 se estrenaron nueve películas de ficción. *Néctar de lo impropio* (2009), del director Jhonny Gómez, trata como temática central los conflictos de tres mujeres que tiene en común desordenes, dependencias y sufren de abusos físicos y emocionales. La trama se desarrolla en un centro de reposos donde las protagonistas son internadas (González Rentería, 2015).

Impulso (2009), película dirigida por Mateo Herrera, tiene la particularidad de estar filmada en blanco y negro. La historia relata la vida de una joven que sufre bulling en el colegio. Vive con su abuela y su tía. Su madre migró a España y deja de enviar dinero. Esto genera problemas con su tía que es quien trabaja y asume los gastos de la manutención de la joven. La protagonista se presenta como una adolescente rebelde. Se siente reprimida con las normas de su tía y su abuela, así que decide ir en busca de su padre al que no ha visto en diez años (Luzuriaga, 2017).

La búsqueda de su padre la lleva a conocer la hacienda de su tío. Él vive con su esposa y su hijo. Ella se queda en casa de su tío esperando saber algo de su padre. Desde el inicio de la película se deja entrever la sensación de que alguien observa a la protagonista. Durante su estancia en la hacienda de sus tíos se inicia una relación amorosa con su primo, relación que ronda entre los sueños y la realidad. Los espejos de la casa permanecen cubiertos, las puertas se cierran y las velas se apagan. La hacienda, casi deshabitada, genera un aire de misterio en la película. Para la protagonista este se convierte en un lugar seguro (González Rentería, 2015).

Para Luzuriaga (2017) esta película entra dentro del «cine de hacienda», un género que para el autor es propio del cine ecuatoriano. Son las películas cuya trama se desarrolla dentro de una hacienda, teniendo como inicio el trasladarse de la ciudad al campo. Para Luzuriaga, la película de Mateo Herrera «es probablemente la iniciadora de este esbozo de género en cuanto tal» (Luzuriaga, 2017, p. 11).

> La casa de hacienda, liberada por Herrera de toda relación económica presente y de su pasado feudal, es en el filme el lugar místico y melancólico donde el misterio del amor es posible, lejos de la ciudad, porque, como dice la protagonista, «el campo es más seguro, la ciudad es más bien como que más peligrosa».
> (LUZURIAGA 2017, P. 11).

Desde abajo (2009), película de Carlos Piñeiros, tiene como protagonista a dos cantantes de tecnocumbia ecuatorianos, ambos famosos y reconocidos dentro de este género de música popular. El director presenta un melodrama en el que amor y los sueños se ven truncados por la pobreza. Los protagonistas viven un amor de infancia, pero las circunstancias económicas los obligan a tomar caminos distintos. Finalmente se rencuentran cuando ambos han logrado cumplir su sueño de ser cantantes famosos (Mejía Arriaga, 2017).

La miel de las morojas (2009), del director Jorge Vivanco, es la historia de una joven que vive con su padre ya que su madre migró a España. El padre de la joven es un hombre duro y no le permite salir de su casa. Para cambiar de vida ella decide seducir a un joven para que la robe y así salir de su casa. El joven se resiste pues también sueña con migrar a España para dar una mejor vida a su madre y hermana (González Rentería, 2015).

Un mundo surrealista y de sueños, en los que se mezclan elementos que simbolizan la interculturalidad ecuatoriana se presenta en *Blak Mama* (2009), ficción de Miguel Alvear y Patricio Andrade. La fiesta de la Mama Negra, y las expresiones sociales, culturales e identitarias, se convierten en el contexto de la película. La trama contada desde el viaje de tres recicladores a las fiestas de la Mama Negra en la ciudad de Latacunga, se convierte en una travesía de imágenes, alucinaciones y sueños en los que se mezcla la cultura andina kichwa, las nociones de estado ecuatoriano, y los rasgos de la identidad mestiza y la identidad de género (Ramos Monteiro, 2016).

La farsa, Blak Mama opera con alegorías, es decir, con figuras que representan conceptos; no trabaja con representaciones de existencias humanas, es decir, con personajes. Las alegorías encarnadas despliegan acciones alegóricas para dar cuenta de abstracciones, como el concepto de «la destrucción de la cultura nacional» en la escena inicial, la del teatro de los recicladores de papel y de cultura: libro tras libro, la literatura realista de los treinta, la Constitución, Guayasamín, título tras título, son destruidos a punta de machetazos por una bella «ninja». Se trata de una idea provocadora, no de una emocionante experiencia. (LUZURIAGA 2019, P. 174).

Los personajes de la historia viven en una terraza. Allí son visitados por dos espíritus Capi Luna y Ángel Exterminador. Mientras los personajes duermen los espíritus los conducen en un viaje hacia la Puerta del Perdón, donde deben rendir tributo a Virgin Wolf. Este viaje hace que los personajes pasen por una serie de transformaciones que se suceden en el orden que transcurre la fiesta de la Mama Negra. Cada etapa de la fiesta significa una transformación de los personajes: la Ofrenda, la Toma de la Plaza, la Bachata del Amor y las Danzas Takis. Esta película rompe con la narrativa clásica audiovisual juega con los elementos simbólicos y estructurales del relato (Jácome Herrera, 2021).

La libre asociación, el contrapunto absurdo, el détournement, la parodia, la cita intertextual, la descontextualización, la resemantización se
transforman en los operadores de un relato en el cual todo principio
de realidad está sepultado. Con los mecanismos de condensación y
desplazamiento propios del discurso onírico (…). En esta reelabora-
ción estética y onírica del ritual religioso buscan destradicionalizar la
cultura popular y reinstalarla en el escenario autoral, artístico y cinematográfico. Los símbolos colectivos hallan su equivalente perverso en la
economía expresiva de los artistas (León, 2009, p. 69).

Las trasformaciones de los personajes durante su viaje los va mo-
delando y convirtiendo en la visión ideal que tienen de sí mismos. Toman
como referentes los personajes de la cultura popular los personajes de la
fiesta: la Mama Negra, la Carishina, el Capitán, el Ángel de la Estrella o
la Virgen de pueblo. En uno de los trayectos del viaje Capi Luna mata al
Ángel Exterminador y los personajes deben continuar solos su travesía.
Esta película hace una crítica a las concepciones ecuatorianas de identidad, nacionalismo y cultura. De forma satírica toma elementos simbólicos e icónicos para mezclarlos entre sí, en un discurso aparentemente
irreal y onírico, en el que confluye la identidad ecuatoriana. *Black Mama*
(2009) maneja el estilo y estética surrealista y onírica, rompiendo con el
estilo y formato audiovisual lineal utilizado por la mayoría de los directores (Bouhaben, 2017).

Los canallas (2009), película de los directores Cristina Franco, Jorge Fegan, Nataly Valencia y Diego Coral, ganó el Cenit de Bronce a la
mejor ópera prima, en el World Film Festival de Montreal[16]. La trama de
esta película gira en torno a la vida de tres jóvenes, que tienen en común
problemas y sueños truncados. Los personajes, una chica de colegio que
fracasa en un intento de suicidio, abandonada por su padre y que vive
con su abuela. Ella decide explorar su sexualidad con su mejor amiga y
su novio. Un boxeador fracasado que vende películas piratas y se separa
de su esposa embarazada. Y un guardia de seguridad que en el día canta
en los buses (Chaput, 2009).

· · · · · · · · · · · · · · ·

16 Tomado de diario *El Universo*, sección Cultura, artículo: Un grupo de jóvenes ecuatorianos debuta en
el cine con 'Los canallas', publicado el 16 de octubre de 2009. https://bit.ly/3MQrBjK

5. CONSOLIDACIÓN Y PROYECCIÓN INTERNACIONAL DEL CINE ECUATORIANO (2010-PRESENTE)

El 30 de septiembre de 2010 un grupo de policías se manifestó en contra de la eliminación de bonificaciones económicas por condecoraciones y ascensos que fue aprobado por la Asamblea Nacional. A las ocho de la mañana aproximadamente se tomó el Regimiento Quito. El presidente Rafael Correa llegó al Regimiento Quito. En la confusión y abucheos de la policía el presidente desafió a la policía que lo mataran. Correa fue trasladado al Hospital de la Policía. Allí lo retuvieron varias horas.

Este evento fue considerado por el gobierno como un intento de golpe de estado, pues un grupo de militares se unió a la revuelta policial. Se decretó el estado de emergencia nacional y se ordenó a todos los canales de televisión nacional a enlazar su señal y retransmitir la información del canal estatal Ecuador TV. En horas de la noche y en medio de un confuso tiroteo los militares rescataron al presidente. Durante el incidente murieron cinco personas. Este evento generó rechazo y fraccionamiento de la opinión pública. Los medios de comunicación privados rechazaron la prohibición de transmitir los hechos directamente y generó un discurso dividido en relación a lo sucedido, polarizando la opinión pública en favor y en contra del gobierno (Ortiz, 2011).

Durante la década del 2000 podemos evidenciar un crecimiento importante en las producciones cinematográficas ecuatorianas. La taquilla de estas producciones es baja en comparación a la de los estrenos internacionales. *La Tigra* (1989) y *Qué tan lejos* (2006), son las películas con mayor taquilla hasta el 2010 con más de 200.000 espectadores cada una (Granda Noboa, 2006). Según los datos publicados por el Consejo de Cinematografía, los asistentes a films ecuatorianos fluctúan entre los 5.000 y 50.000 espectadores con excepciones como *Ratas ratones y rateros* (1999) con más de 100.000 espectadores al igual que *A tus espaldas* (2009), de Tito Jara. En 2010 *Prometeo Deportado* (2010), de Fernando Mieles, tuvo 162.000 espectadores en las salas de cine. Las producciones nacionales aumentaron, pero el público ecuatoriano no respondió a los estrenos (Larrea, 2017).

El 2010 se estrenaron cinco documentales. *Saraguro, historia con sangre Inka* (2010), del director José Paul Moreira y producida por la empresa H&H Constructores. Este documental se acercó a explicar los orígenes del pueblo Saraguro[1]. Los saraguros no son un pueblo originario del territorio que actualmente es la provincia de Loja. Se cree que llegaron junto con el imperio Inca y se asentaron en las tierras que ocupan hasta la actualidad. En el documental de Moreira se recrea el Qhapac-Ñan o Camino del Inca, camino que cruzaba los territorios incas desde Bolivia hasta llegar a Quito.

En este documental vemos la llegada de los saraguros a lo que hoy es la provincia de Loja, su cultura y la conservación de sus tradiciones hasta la actualidad. Este documental tiene como característica que para reconstruir los hechos toma como centro a un personaje ficticio, y desde sus vivencias en la actualidad hace *flashbacks* al pasado para contar de forma onírica la historia del pueblo saraguro (Tarco Carrera, 2020).

Tanto en la ficción como en el documental se observa como un género con particularidades específicas el cine de carácter histórico. Estos films centran su argumento en un personaje o hecho histórico particular. En el caso del cine ecuatoriano hay varios ejemplos de este género, películas como *1809-1810 mientras llega el día* (2004) de Camilo Luzuriaga o *Alfaro Vive Carajo: del sueño al caos* (2007). La imagen del Eloy Alfaro ha sido recreada en el cine ecuatoriano desde el siglo anterior. Se ha convertido en emblema de las luchas sociales, como el caso del grupo subversivo Alfaro Vive; y, como símbolo de algunos partidos políticos como el movimiento Alfarista y Alianza País. En todos los casos han tomado su obra y su figura como referente de nación ecuatoriana (Aquieta Núñez, 2021).

El documental *La Revolución de Alfaro* (2014), de Juan Diego Pérez, rememora uno de los momentos políticos más significativos en la historia ecuatoriana, cuando lo apresan, asesinan y arrastran su cuerpo y el de sus generales por las calles de Quito para quemarlos en lo que se recuerda como *la hoguera bárbara* (González Rentería, 2015).

El filme se constituye en el resumen historiográfico de la gesta liberal en un claro empeño didáctico, atravesado por la misma heroificación y grandilocuencia de los cortometrajes históricos de inicios de la década de 1980, sin énfasis en la pregunta sobre el problema de la verdad

· · · · · · · · · · · · · · ·

[1] Los saraguros son un pueblo indígena ecuatoriano perteneciente a la nacionalidad kichwa, junto con otros pueblos de la región sierra. Se ubican en la provincia de Loja en dos asentamientos, el cantón Saraguro y la parroquia San Lucas. Su lengua materna es el *runashimi* o kichwa, pero también hablan español (Sotomayor & Cueva, 2020).

histórica, pues esta se da por hecha. La forma de su realización no lo hace verosímil.

(LUZURIAGA, 2019, P.152).

El general Alfaro fue derrocado y se exilió en Panamá. Decidió volver y tomar el mando del país una vez más. Fue apresado junto a sus generales cuando viajaba en tren de Guayaquil a Quito. Ecuador era gobernado por los conservadores. El documental da vida al General Alfaro, a su pensamiento político, mientras lo llevan preso en el tren que él construyó. El documental intenta reconstruir desde los últimos días de Alfaro su obra y legado (González Rentería, 2015).

En Ecuador coexisten varias etnias y nacionalidades. En la región de la sierra la nacionalidad kichwa es la más numerosa y en la región amazónica es la comunidad shuar. La Ley Minera de 2009 hizo que diversos pueblos amazónicos se manifestasen en contra del gobierno. Las manifestaciones fueron duramente reprimidas por la policía. En estos enfrentamientos murió Bosco Wisum, profesor shuar. Debido a la muerte de Bosco Wisum las naciones shuar iniciaron una marcha hacia Quito para exigir ser atendidos por el presidente.

El documental *Por qué Murió Bosco Wisum* (2010), de Julián Larrea y Tania Laurini, relata la marcha de las comunidades hacia Quito. En este trabajo se enfatiza en la organización interna de las comunidades y el apoyo de los pueblos y ciudades por donde caminan. En el documental se cuestiona si la muerte de Bosco Wisum es parte de los enfrentamientos o es un asesinato. Se muestra la organización de las comunidades indígenas que exigen al gobierno que se reconozca a Ecuador como un país plurinacional, estableciendo límites territoriales e independencia en el manejo de las tierras para cada nacionalidad. El documental muestra la reunión de las comunidades con el presidente. En esta reunión las comunidades hablan en su lengua. Teniendo en cuenta que ellos hablan también español, esta acción se presenta como una forma de dar valor a su cultura y mostrar el desconocimiento de las autoridades sobre las nacionalidades indígenas (Coryat & Zweig, 2019).

En 2007 el escritor ecuatoriano Jorge Enrique Adoum y su hija Alejandra Adoum, hacen una revisión del tiempo, sus vidas y el arte. El director Pocho Álvarez recopiló estos recuerdos y el diálogo íntimo entre padre e hija en el documental *Jorge Enrique Adoum* (2010), que intenta recopilar la vida y obra del escritor. Este documental se estrenó el año 2010 (Martín Cueva, 2015).

El documental *Defensa 1464* (2010), dirigido por David Rubio se filmó en Argentina. Se inicia con el descubrimiento de un túnel usado por esclavos en el siglo XVIII en lo que funciona como el centro cultural de Freda, afroecuatoriana que vive en Buenos Aires. Con el descubrimiento del túnel la casa se vende y el centro cultural debe reubicarse. El director acompaña a Freda en el proceso de buscar un lugar para el funcionamiento del centro cultural, en que se reúne la comunidad afro que vive en Buenos Aires. El documental explora la herencia de la población afroargentina a través de las historias contadas por seis descendientes de esclavos (Cirio, Pérez Guarnieri & Tomás Cámara, 2011).

Se estrenó *Más allá del mall* (2010), de Miguel Alvear, un documental que vuelve la vista a uno de los problemas más grandes del cine ecuatoriano, la pobre respuesta del público ecuatoriano a los estrenos nacionales. Un año antes Alvear estrenó la película *Blak Mama* (2009), en el que asistieron 1.922 espectadores, dejándoles una pérdida de 247.267 dólares y el costo de la película fue de 250.000 dólares. Estos datos son presentados por el director en el documental *Más allá del mall* (2010) en que investiga la situación del mercado cinematográfico ecuatoriano y los intereses de los consumidores.

Separado de una línea muy fina de la ficción, en este documental el director, junto con el actor Andrés Crespo, serán quienes lleven al espectador a lo largo del documental. Crespo cuestiona a Alvear sobre el hecho de seguir produciendo cine. Inician un recorrido por la Cinemateca Nacional observando las películas de archivo para llegar a un Mall con multisalas en el que no se proyecta cine ecuatoriano. El documental recoge testimonios del cineasta y de gente de la calle que admite no ver cine ecuatoriano. Entran en el mundo de la piratería para descubrir el cine autodidacta o amateur. Películas de bajo presupuesto que se venden masivamente en los puestos de piratería. Alvear participa en la filmación de una escena de cine marginal, entra al mundo de los directores y sus roles dentro de cada film, implicándose en la creación audiovisual (Delgado Tapia, 2013).

Más allá del mall muestra las condiciones materiales de un cine informal, cuyo éxito escapa a los dictados del marketing actual. En conclusión, el juego de Alvear obliga a las formas y a sus travestis a decir cosas desde puntos de vista diferentes. No tiene miedo a transgredir los dogmas ni tampoco se limita a destruir lo expresado, más bien busca otros espacios de expresión que le permitan dejar atrás las imposiciones de la academia y de los centros comerciales.[2]

Más allá del mall (2010) explora el cine popular que vende casi un millón de copias sin haberse estrenado en una sala de cine. Estas películas masivamente consumidas en las ciudades y pueblos en las que se abordan tramas en la que la venganza y el ajuste de cuentas siempre están presentes. La mayoría de realizadores pertenece a la costa ecuatoriana, a la provincia de Manabí (Martín Cueva, 2015).

La búsqueda de la identidad a través del encuentro de cinco «Daríos Aguirre» en diferentes partes del mundo permite al director Darío Aguirre realizar el documental *Cinco caminos a Darío* (2010). El director se puso en contacto a través de Internet con cinco personas que llevaban su mismo nombre y se propuso visitarlos. El documental es un viaje por América Latina, y a las realidades de cada uno de los homónimos. En este viaje se encuentra con un psicólogo, un taxista jubilado, un guardia, un soldado y un deportista. Cada Darío con sus personalidades y vivencias enseñan algo diferente al director que crea en su documental un ensayo sobre la interculturalidad y los rasgos y referencias culturales comunes (Martín Cueva, 2015).

En 2010 se registraron cuatros estrenos de ficción, *Rabia* (2010), de Sebastián Cordero; *Prometeo Deportado* (2010), de Fernando Mieles, *Secuestro* (2010), de Gabriel Jirón y *María como juego de niños* (2010), de Galo Hidalgo. El largometraje de Hidalgo tiene como trama el embarazo adolescente. Los protagonistas son una pareja de jóvenes de quince años, ambos de escaso recurso económico, que deben afrontar el dilema de un hijo no buscado. El joven se dedica a robar. Es la forma que encuentra para mantener a su hijo, pero es detenido y llevado a un reclusorio juvenil.

María como juego de niños (2010) intenta describir la situación de muchos jóvenes ecuatorianos que por desconocimiento tiene que asumir una responsabilidad para la que no están preparados. En esta película la problemática se centra en una familia de bajos recursos. Esto incrementa el dramatismo pues los problemas económicos agravan la situación de los jóvenes y sus familias (Estrella Silva, 2014).

· · · · · · · · · · · · · · · ·

2 Más allá del Mall y el travestismo festivo, de Lizardo Herrera, publicado en *Ibermedia Digital* con fecha 24 agosto 2015. https://bit.ly/3KMfT8b

Secuestro (2010), de Gabriel Jijón, entra en el género que Luzuriaga (2017) denomina: «cine de acción montubio», que ha sido estudiado y denominado como cine «bajo tierra» o «videografías paralelas» por los investigadores Miguel Alvear y Christian León. Este es un cine autodidacta, cuya trama siempre es la venganza. Los directores autodidactas Nixón Chlamaca, Fernando Cedeño y Carlos Quinto, integran la productora Sacha Producciones en 1999. Ellos se autoproclaman de «cine de guerrilla». Las películas de este género no tienen como objetivo las salas de cine. Su distribución se hace a través de copias masivas en tiendas de películas piratas. Trabajan con presupuestos muy bajos y condiciones precarias de producción (Luzuriaga, 2017).

> La mayoría de las obras de estos autoproclamados guerrilleros del cine ecuatoriano, contienen mucho del esquema y ética de las películas referidas, salpicadas con dosis de narcotráfico, cine de acción hollywoodense y melodrama mexicano. La ley del monte, de la justicia por manos propias (o contratadas) para vengar el honor herido o la muerte de un familiar.
> (LUZURIAGA, 2017, P.7).

Este género ecuatoriano inicialmente asociado al campo manabita, ha trascendido a otras ciudades y provincias del país. El éxito de estas películas no se mide en la taquilla, está dado por la cantidad de copias vendidas. Hay muy pocos estrenos en salas de cine, entre ellos podemos mencionar, *Secuestro* (2010), del director Alejandro Jijón (Henriquez Mendoza, 2018).

Prometeo Deportado (2010) de Fernando Mieles, a través de la migración hace un retrato de la identidad y la problemática social, política y económica ecuatoriana. Una sala de espera de un aeropuerto se convierte en un pequeño Ecuador, cuando varios grupos de migrantes son detenidos para ser deportados. Sin una explicación, los ecuatorianos permanecen detenidos durante mucho tiempo.

El paso del tiempo se marca con dos elementos, la llegada de más ecuatorianos a la sala que poco a poco se vuelve asfixiante y una pequeña cría de tortuga que va creciendo poco a poco. Como se puede observar «el drama migratorio se volverá en la narración de la nación ecuatoriana el tema central de los primeros años del siglo XXI» (Alemán, 2012, p. 83). Desde la analogía de los ecuatorianos que viven de forma ilegal en el extranjero con la incertidumbre de que en algún momento pueden ser deportados. Esta película nos muestra una construcción y deconstrucción de la nación ecuatoriana (Sitnisky, 2012).

> En *Prometeo deportado*, el objeto de la burla es la ecuatorianidad, que desfila por la película descomponiéndose, hasta escenificar el arranche y el robo generalizado de un país inmerso en un caos hiperbólico, alegoría grotesca de una no nación.
> (LUZURIAGA, 2019, P. 252).

Durante la película hay varios intentos de formar una organización social equitativa, en un inicio el respeto y la igualdad priman. Pero conforme pasa el tiempo la gente se corrompe. Un grupo toma el control por la fuerza. Al final la única salida se presenta a través del baúl de un mago. Uno a uno entran en el baúl y desaparecen. Esta película tuvo una taquilla de 162.000 asistentes. Fue premiada con el Premio al Mejor Guion en el Festival de Cine de Jibara; el Premio a la Producción del Consejo Nacional de Cinematografía del Ecuador en 2007 y el Premio Augusto San Miguel, Ministerio de Educación del Ecuador en 2007 (Alemán, 2012, p. 81).

Rabia (2009) de Sebastián Cordero, cuenta la historia de una pareja de migrantes sudamericanos en España. José María es albañil y Rosa trabaja interna en la casa de una familia adinerada. La pareja lleva poco tiempo junta. José María es violento e impulsivo, en una discusión accidentalmente mata a su jefe de obra. Asustado se esconde en el ático de la mansión en la que trabaja Rosa. Desde su encierro espía a todos, especialmente a Rosa, que no sabe su paradero. Desde su encierro solo puede ver pasar la vida de todos, las injusticias que se cometen contra Rosa, sin poder hacer nada lo único que puede sentir es rabia (Villarino Pérez, 2010).

En 2011 el presidente llamó a un referéndum y una consulta popular para aprobar cambios en la Constitución y la aprobación de la Ley de Comunicación. El gobierno de Rafael Correa ganó la consulta popular y realizó reformas constitucionales en temas judiciales, medioambientales, de seguridad, banca y medioambiente. De todos los cambios realizados la Ley de Comunicación generó la mayor polémica, ya que es considerada por los medios de comunicación y gremios periodísticos como una «ley mordaza». Con la Ley de Comunicación se creó el Consejo de Regulación y Control para los contenidos emitidos en televisión, radio y prensa. Pero esta ley generó un aporte a la producción artística ecuatoriana pues obligaba a los medios de comunicación a difundir contenido artístico, música y producciones audiovisuales ecuatorianas en su parrilla de programación (Suing, Ordóñez & Carpio-Jiménez, 2018).

El presidente Rafael Correa en la asamblea de la ONU del año 2008 propuso al mundo dejar bajo tierra el petróleo del Bloque ITT como una acción de conservación de la selva ecuatoriana. Ecuador pedía que tanto gobiernos como empresas compensen al país con 3.600 millones de dólares por las pérdidas que representaría el dejar el petróleo del Parque Nacional Yasuní sin explotar. La propuesta recorrió el mundo y en 2011 concluyó el plazo previsto para conseguir el apoyo.

Como una acción de apoyo a la propuesta del gobierno ecuatoriano se filmó el documental *Yasuni: dos segundos de vida* (2010), del director Leonardo Wild. El documental intenta crear conciencia en el mundo de la importancia del parque Yasuní para el medioambiente a nivel mundial. El presidente ecuatoriano pidió que el mundo pagase la mitad de la ganancia de Ecuador por la exportación del bloque ITT. El documental intenta integrar la opinión de todos los sectores políticos, científicos y de las comunidades indígenas de la Amazonía. Este documental se convierte en un apoyo gubernamental para difusión internacional de la propuesta Yasuni ITT (González Rentería, 2015).

En la misma línea del documental *Yasuni: dos segundos de vida* (2010), Verónica Moscoso realizó *Una idea audaz (A Wild Idea)* (2012). La iniciativa gubernamental Yasuní ITT es el centro del documental, desde un abordaje que destaca la biodiversidad amazónica y del Parque Nacional Yasuní y la vida de los pueblos Waorani, y los pueblos no contactados Tagaeri y Taromenane, habitantes de la zona del Yasuní desde hace muchos siglos. Se intenta concienciar sobre la importancia de dejar el petróleo del Yasuni bajo tierra (Moscoso, 2011).

Una de las temáticas sociales recurrentes dentro del documental ecuatoriano es el cuestionamiento de la identidad nacional. El documental *Labranza oculta* (2010), de Gabriela Calvache Velasco, aborda el tema de identidad desde la vida de un grupo de albañiles encargados de la restauración de una casa antigua. El documental muestra la camaradería y compañerismo del grupo de albañiles. Se adentra en sus vidas, en sus sueños y aspiraciones.

Plantea «la reconstrucción de un edificio en el centro histórico, hecha por estos albañiles que saben tácitamente que cuando termine la reparación no podrán acceder al lugar y, como ellos mismos plantean, desaparecerán de la memoria igual que los que lo construyeron originariamente» (Aguirre Salas, 2015, p. 130-131). Hace evidente la idea de los olvidados por la sociedad, los invisibles que están allí pero no los vemos. Estos albañiles desaparecen de la memoria al igual que desaparecieron quienes la construyeron en 1671, y como desaparecieron los indígenas que sirvieron en ella (Aguirre Salas, 2015).

La revuelta policial del 30 se septiembre de 2010 es investigada por el periodista Rodolfo Muñoz en el documental, *Muchedumbre 30 S* (2011). En el documental se recuperan las imágenes que no se transmitieron en los medios de comunicación nacional sobre lo sucedido. Se muestra ataques por parte de los policías a los camarógrafos, reporteros, periodistas y civiles. Se enfatiza en que hubo un ataque a Rafael Correa y que los medios de comunicación privados quisieron negar. Se reafirma la idea de un intento de golpe de estado contra Correa (Chávez Vaca, 2015).

En el documental *Abuelos* (2010), de Carla Valencia «la directora expone una historia de intimidad familiar» (Camas Baena, 2016 p. 313). A partir de los recuerdos hace un retrato de sus abuelos, de su herencia familiar. En este documental entramos la vida de la directora y la reconstrucción de su pasado. Nos muestra a sus abuelos, uno, un libre pensador, militante de la izquierda chilena fusilado en la dictadura de Pinochet, y el otro un científico, conocedor de la medicina alternativa en cuyo laboratorio busca la fórmula de la inmortalidad. A través de la vida de estos dos abuelos aparentemente diferentes la directora busca su propia identidad (Vélez, 2015).

El documental *Bienvenido a tu familia* (2010) de Diego Ortuño, trata la temática de la migración desde la historia de Yandri, que después de siete años se va a reunir con sus padres en España. Se relata la historia de tres familias que tras años de separación buscan reencontrarse.

Uno de los problemas de la migración en Ecuador fue la desintegración familiar. Los padres dejaban a sus hijos al cuidado de sus abuelos o tíos para viajar en busca de sueño de mejores días. El tener la residencia legal en España y una condición económica estable, permitió a muchos ecuatorianos solicitar a través de Reagrupación Familiar, el visado para reunirse con sus esposas e hijos. En este documental se relata la lucha de tres familias por reencontrarse (Carrillo Espinosa & Herrera, 2021).

Hasta el año 2010 se puede observar una constante en las producciones ecuatorianas, se le da mucho más peso a la producción de documental por sobre la ficción. Este fenómeno se observa desde las primeras producciones que se realizan en la década de los años veinte.

Es a partir del 2011 cuando la constante cambia y la ficción toma impuso sobre el documental. El cortometraje empieza a tomar nueva fuerza en la producción cinematográfica nacional. Los estudiantes de las escuelas de cine iniciaron sus trabajos y prácticas con la realización de corto cortometrajes (Barreto Silva, 2016). Así mismo surgen nuevas propuestas de largometrajes de ficción y las temáticas empiezan a modificarse y a ampliarse conforme avanza la nueva década de la mano de una nueva generación de realizadores y productores graduados de las escuelas y producción audiovisual ecuatorianas y del exterior.

En 2011 se estrenaron cinco películas de ficción, esto demuestra un crecimiento en relación a los años anteriores. Este año se estrena el documental de María Fernanda Restrepo *Con mi corazón en Yambo* (2011), que representa la producción con mayor acogida del público con 150.000 espectadores. A este filme le siguen *En el nombre de la hija* (2011), de Tania Hermida con un público de 85.260; *A tus espaldas*, de Tito Jara, con 100.000 espectadores; y finalmente *Celmira* (2011), de Rodrigo Pacheco (Estrella Silva, 2017). El tema de la migración y la búsqueda de la identidad aparecen en los cuatro films estrenados. La crítica y los análisis académicos se vuelcan sobre las películas *En el nombre de la Hija* (2011) y *A tus espaldas* (2011), en ambas producciones se hace una crítica a las costumbres y prejuicios que hacen parte de la identidad ecuatoriana.

Este mismo año se estrenó *Ayawasca* (2011), del director Galo Urbina, es la historia de una pareja, un migrante ecuatoriano y una española. Elena, pareja de Guamán, fue maldita en una vida anterior y empieza a comportarse de forma extraña. Luego de hablar con una adivinadora y un psicólogo, Guamán busca la solución en la ayahuasca[3]. La búsqueda de Guamán termina cuando descubren que Elena sufre un trastorno psicológico. En esta película la vida del migrante ecuatoriano es relatada desde una perspectiva de éxito, saliendo de la imagen del migrante que sufre necesidades y que tiene que luchar por una vida mejor. Es una historia en la que sabemos que el personaje ha migrado por su nacionalidad y sus costumbres (Tarco Carrera, 2020).

••••••••••••••

3 La ayahuasca es una bebida alucinógena que se prepara con la mezcla de dos plantas amazónicas: la liana Banisteriopsis caapi y el arbusto Psychotria viridis. La bebida contiene dimetiltriptamina (DMT), una sustancia psicoactiva que produce efectos visuales, auditivos y emocionales intensos. La ayahuasca se usa tradicionalmente en ceremonias religiosas y curativas por los pueblos indígenas del Amazonas (Marín Gutiérrez, Allen-Perkins Avendaño & Hinojosa Becerra, 2015).

Un equipo de realizadores ecuatorianos se traslada a Panamá para filmar *Siguiendo a las estrellas* (2011), de la directora Iris Disse. El film narra la historia de una indígena del pueblo kuna que ha vivido desde niña en la ciudad. Tutu, es una diseñadora que tras la muerte de su padre viaja a su comunidad. La joven tendrá un choque al encontrarse con la cultura y tradiciones de su pueblo. Todo está plagado de mitos, tabúes y restricciones. En este film se muestra el trabajo de las mujeres indígenas kunas y cómo buscan la participación en los procesos económicos, jurídicos, políticos y sociales de su comunidad (Disse, 2011).

El segundo largometraje de Tania Hermida, *En el nombre de la hija* (2011), trata sobre Manuela, una niña de nueve años que junto su hermano y sus primos van a pasar vacaciones en la casa de hacienda de la familia. Ambientada en 1976, la trama de la película se centra en el nombre de Manuela. Al llegar a la hacienda ese nombre entra en una disputa. La niña lleva el nombre de su padre, socialista ateo, pero su abuela quiere llamarla Dolores como todas las primogénitas de la familia. La defensa de su nombre la llevan a confrontarse con una familia de tradiciones machistas y racistas. Ella y su hermano entrarán en un constante choque con sus primos, ellos han sido criados bajo las tradiciones de la hacienda (Hermida, 2012).

En el cine ecuatoriano se muestra la hacienda, como lugar físico al que quienes viven en la ciudad regresan para reencontrarse con su pasado. Para Luzuriaga (2017) tiene las particularidades para entenderse como un género de la cinematografía ecuatoriana, el cine de hacienda, en el que vemos reproducirse aun las características de las grandes haciendas de la sierra ecuatoriana, en las que los indígenas eran siervos y los dueños eran familias acaudaladas. Durante la película Manuela fortalece sus «valores de izquierda emancipatorios, refuerza su discurso, sorprendentemente cohesionado para su edad, y sus prácticas en una suerte de ratificación paternal-libertaria con despuntes críticos» (Luzuriaga Jaramillo, 2021, p.659).

En el nombre de la hija (2011) en la biblioteca de su abuelo Manuela se encuentra con el tío Felipe, el tío está loco, y esa locura le da la libertad de romper con los dogmas impuestos por la familia. Esta película topa temas como la discriminación de clases, en la forma en la que los niños se comportan con el hijo de una de las sirvientas de la hacienda, «desde la mirada de la infancia, las posiciones de Manuela constituyen ante la disputa de toda forma de jerarquización bien sea esta familiar, política, religiosa, etc., que presente un riesgo a la libre determinación»

(De la Guerra Zúñiga, 2020, p.75). Esta película se muestra como una crítica social al clasismo, machismo y los roles sociales impuestos por la familia y la religión, cuestionados y desobedecidos por Manuela.

A *tus espaldas* (2010), del director Tito Jara, realiza una analogía de la ubicación de la Virgen de Panecillo en la ciudad de Quito. Desde este punto se puede ver cómo se extiende la ciudad hacia el norte y el sur. La Virgen está ubicada mirando hacia el norte y dando la espalda al sur. Quienes viven en el sur, desde la idiosincrasia quiteña, son considerados cholos, por pertenecer a la clase obrera, en muchos casos ser descendientes de indígenas que migraron del campo la ciudad y cuyo mestizaje se tiende hacia rasgos indígenas y piel morena (Medina, 2020).

El protagonista de la película Jorge Chicaiza Cisneros, es hijo de una madre migrante y un padre maltratador que murió víctima tirado en la calle, completamente alcoholizado. Las remesas que envía su madre les han permitido a él y su abuela mejorar su nivel de vida, pero, siguen viviendo en el sur. El protagonista reniega de su nombre y raíces indígenas «cholas». Muchos cineastas ecuatorianos se inclinan hacia el realismo social desde una visión dramática, «fusiona con éxito momentos cómicos con dramáticos lo que provoca como resultado mayor dramatismo en el espectador (…) a este género del realismo social se lo ha dado en llamar también cine de la marginalidad» (Zamora-Aizaga, 2016, p.11).

Cuando joven el protagonista trabaja en un banco y se cambió el nombre a Jordi Lamota. Ha logrado su sueño de vivir en el norte aparentando tener una buena posición social. Para Luzuriaga,

> (…) la película *A tus espaldas* (Jara 2011) es la que sabía con más claridad a qué público se dirigía: la nueva clase media de origen kichwa, que habita o habitaba en el sur de Quito. (…) La gran recepción que obtuvo *A tus espaldas* se debe también a que actualiza el personaje típico del chulla quiteño, aquel que fue retratado en El chulla Romero y Flores de Jorge Icaza en 1958, el hijo de madre kichwa y de padre «español». El personaje «mestizo» que reniega de su origen kichwa para presentarse como «español» o «blanco», es altamente popular en la oralidad ecuatoriana (Luzuriaga, 2019, p. 184).

La historia tiene como locación la Avenida De los Shyris en la ciudad de Quito, donde se reúnen los jóvenes y escuchan música a todo volumen en sus autos modificados, tuneados con las puertas abiertas. Jordi conoce a una colombiana que se dedica a la prostitución, sus clientes son ejecutivos de alto nivel. Es una mujer guapa que esconde su trabajo diciendo que es modelo. El protagonista la lleva a vivir con él y la considera su novia (Prieto Méndez, 2014).

A tus Espaldas (2010) hace un guiño a dos sucesos en la historia de Ecuador, el salvataje bancario de 1999, con la quiebra de un banco en que trabaja el protagonista y se recrea como parte de la trama la historia del Notario Cabrea[4]. Jordi y su novia deciden robar el dinero de un notario que lo guarda en fundas en su casa. El plan funciona, roban el dinero y el notario está muerto. Jordi traiciona a su novia y escapa con todo el dinero a la playa. La joven es llevada presa y él cumple su sueño de tener todo lo que siempre quiso (Medina, 2020). Esta película:

> Cita incesantemente las costumbres de una generación de un emergente sector social, que no había sido visto por el cine ecuatoriano: aquellos muchachos que fueron seducidos cuando eran niños por *El Chavo del Ocho*, la popularísima serie de televisión mexicana de fines del siglo pasado. Dentro de esta factura y acabado, *A tus espaldas* no se cuestiona sobre el machismo imperante en todos los ambientes sociales que reproduce, y se limita a retratarlo como se supone que es: hombres alcoholizados y maltratadores, junto a mujeres víctimas y prostituidas. No busca debajo, muestra encima de la apariencia: en esto también es popular.
>
> (LUZURIAGA, 2019, P. 186).

Esta película hace una crítica al padrinazgo que permite ascender sin esfuerzo. Se ve los favores laborales, la discriminación de clases sociales, los problemas familiares y el abandono de los hijos de migrantes. El desamor, las relaciones banales, pero se incluye el problema social de la prostitución, en el estereotipo de la mujer colombiana hermosa que llega a Ecuador y bajo la máscara de trabajar de modelo se convierte en una prostituta de élite (Varela Molina & Zapata Chasiquiza, 2020).

• • • • • • • • • • • • • • •

4   José Cabrera Román, fue un notario de la ciudad de Machala, se dedicó duran varios años a captar dinero a cambio de altos intereses. Se cree que más de 40.000 personas, entre militares, policías, políticos y jueces invirtieron en este supuesto negocio. El notario falleció a los 71 años de forma repentina en un hotel de Quito según la información que circuló como consecuencia del exceso de whisky, mujeres y drogas. La noticia de la muerte del notario generó conmoción, su casa fue saqueada por policías, militares y población civil que se llevaba el dinero que tenía para recuperar algo de la inversión que habían hecho. https://n9.cl/c08ty

Prohibido olvidar (2011), de Edwin Jara, retoma la imagen de Eloy Alfaro y el trayecto hacia su muerte en el tren de Duran a Quito. A partir de las investigaciones de los parientes de Alfaro y los seis generales asesinados con él. Se presenta una investigación para reconstruir el pensamiento de los generales liberales (Enríquez, 2012).

PocPoc (2011) es un corto animado de seis minutos, dirigida por Daniel Esteban Jácome Muñoz, fundador de la productora de animación El Hombre Invisible Visual Art. El corto narra la historia de un niño que vive en una ciudad gris y contaminada, y que sueña con un mundo más colorido y natural. Un día, encuentra una semilla mágica que le permite viajar a un lugar donde todo es posible. El corto es una metáfora sobre la importancia de cuidar el medio ambiente y la imaginación infantil. PocPoc fue ganador de la convocatoria de los fondos estatales de subvención para el desarrollo de proyectos cinematográficos, y ha participado en varios festivales nacionales e internacionales, como el Festival de Cine de Guayaquil, el Festival Internacional de Cine de Animación de Annecy, y el Festival Internacional de Cine de Animación de Hiroshima.

La noticia de un cargamento de cocaína encontrado a la orilla de una playa inspira la película *Pescador* (2011), del director Sebastián Cordero. Blanquito un pescador de 30 años vive en casa de su madre en un pequeño pueblo pesquero de la costa ecuatoriana. La vida de Blanquito cambia cuando encuentran junto con sus compañeros faltando en la orilla de la playa un cargamento de cocaína. La droga representa la oportunidad de cambiar su vida, mejorar económicamente y conocer a su padre, un hombre rico de Guayaquil.

El traslado de la droga a Guayaquil lo lleva a conocer a Lorna, una mujer colombiana que es amante del dueño de la única casa lujosa del pueblo. Lorna le va ayudar a vender la mercancía. Blanquito se siente atraído por ella e intenta enamorarla. En esta película nuevamente aparece la figura de la colombiana que migra a Ecuador para ganar dinero y mejorar su vida. Mientras Blaquito busca salir de su pueblo a la ciudad ella añora regresar a Colombia (Herrera, 2018). Para Luzuriaga, Sebastián Cordero en sus películas.

(…) mantiene el interés por indagar en el mismo mundo de la marginalidad y la delincuencia, y su violenta relación con el mundo de la burguesía y el poder estatal. Sus obras perseveran en la tarea de dominar un sentido y adaptar una forma, la del cine de ficción en clave de tragedia, alejándose de la exaltación admirativa hacia el otro –el malandro de Ratas–, cuyo encanto, perversamente seductor para el mundo correcto de la clase media, no ha podido ser igualado ni por el mismo Cordero.

(LUZURIAGA, 2019, P. 80).

Esta película se presentan temáticas conocidas para el espectador, el narcotráfico, la inmigración del campo a la ciudad, la migración entre países latinoamericanos. Esta película no deja un final feliz para Blanquito, finalmente se da cuenta que la vida de la ciudad no es lo que se imaginó (De la Vega Zurita, 2018).

Cada año se incremental los estrenos de largometrajes ecuatorianos. En 2012 se registraron ochos estrenos de largometrajes de ficción y siete documentales. *Mejor que antes* (2012), documental de Andrés Barriga, hace una comparación entre los testimonios de personajes actuales y comparándolos con el legado dejado por el General Eloy Alfaro. Este documental se aleja de la temática política y se hace un abordaje social (Aguirre Salas, 2015).

Los descendientes del Jaguar (2012), del director Eriberto Gualinga, retrata la vida de la comunidad amazónica Sarayaku. En las imágenes se puede ver a los niños nadando en el río Bombonaza, un joven cazando y una comunidad organizada. La escuela de la comunidad es sencilla. Su propósito es que los niños aprendan valores comunitarios para mantener las tradiciones de vida de su comunidad. La maestra, Ena Santi, es miembro de Sarayaku, participa en las luchas de la comunidad. En este documental «Gualinga documenta la resistencia del pueblo de Sarayaku que lucha para evitar la destrucción de la selva, los procesos de desposesión que implica la expansión de la frontera petrolera y el consiguiente crecimiento de la pobreza» (Herrera, 2020, p. 325).

En *Los descendientes del Jaguar* (2012) los problemas de la comunidad están alejados de la pobreza. Son ocasionados por la llegada de una petrolera que, con el aval del Estado ecuatoriano, se dedicaría a la extracción de petróleo. Estas acciones se realizaron sin que la comunidad esté enterada. Este documental muestra el espíritu de la comunidad Sarayaku por la defensa de su territorio de la contaminación y la destrucción que ocasionan las empresas petroleras a la naturaleza (Herrera, 2020).

El documental *La bisabuela tiene Alzheimer* (2012), del director Iván Mora Manzano, relata el encuentro de su hija pequeña y su bisabuela que sufre Alzheimer. Este documental es íntimo y autorreflexivo. Es un retrato familiar narrado en primera persona. El director relata la emotividad de un encuentro en el que se valida la memoria. Se pone frente a frente a la construcción y la pérdida de los recuerdos (Quevedo Pinos, 2020).

En *La bisabuela tiene Alzheimer* (2012), el documentalista Iván Mora se concentra en documentar las personas de su propio entorno familiar, empezando por su pequeña hija y su anciana abuela, quienes no están en capacidad de tener voz propia ni de accionar, pues la bisnieta tiene seis meses y la bisabuela tiene alzheimer. Entonces, prevalece la voz del documentalista-papá-nieto, en forma de monólogo asumido, para crear, sobre su propio cuerpo identificable, una especie de héroe sin heroicidad, pero héroe al fin: monológico, correcto, ejemplar (Luzuriaga 2019, p.58). El documental se intercala con imágenes caseras de los primeros años de vida de la hija de Manzano. El mar, la arena los primeros amigos, la nieve, los momentos sencillos que crean los recuerdos (Toledo Ochoa, 2022).

El grupo Memoria Ciudadana decide realizar el documental *Nariz del diablo* (2012), dirigido por Pepe Yépez. Este documental busca recogen la percepción ciudadana sobre el proceso de la Constituyente que vivió Ecuador. El documental desarrolla desde las entrevistas a César Sacoto, dirigente político, Óscar Ugarte activista GLBTI, la asambleísta Amanda Arboleda, asambleísta, y Jorge Loor trabajador del campo. La idea del documental es alejarse de la opinión gubernamental sobre este proceso y centrarse en la opinión ciudadana (Murillo García, 2015).

Diario *Extra* es el primer periódico de crónica roja o prensa amarillista de Ecuador, fue fundado en 1974. Según datos publicados por la revista ATDL de la Asociación de Diarios Latinoamericanos para el año 2017, *Extra* vendía aproximadamente 400.000 ejemplares diarios en Ecuador. *Horas extra* (2012) es un documental de Frantz Jaramillo resultado de la investigación para su tesis en Antropología Visual. El documental indaga en la crónica roja desde la percepción de sus actores y su relación con los lectores. Se busca dar una perspectiva diferente sobre el trabajo periodístico detrás de cada publicación sensacionalista y de crónica roja. Se considera el contenido de diario *Extra* de carácter morboso, violento, sexista y denigrante. Pero mantiene un tiraje nacional muy representativo. En este documental muestra la relación de los consumidores hacia sus publicaciones e intenta explicar qué hace que se consuma de forma masiva (Delgado Guevara, 2015).

El santuario de las penas (2012), cortometraje ficción del director Ernesto Cobos, se puede considerar la primera producción cinematográfica que se adentra en el género del terror. La trama narra la historia de dos niños que un 24 de diciembre entran en el Santuario de las Penas. Desde ese día se verán envueltos una serie de eventos inexplicables y siniestros. Entre los largometrajes de ficción estrenados durante el año 2012 podemos encontrar además la película *Quito mito y leyenda* (2012), del director Jorge Bastidas. En ella se da vida a tres leyendas quiteñas: *'La capa del estudiante'*, *'El gallo de la Catedral'* y *'La antropófaga'*. En la película se intenta recrear el drama y el terror implícito en las leyendas populares de la capital (González Rentería, 2015).

El trabajo, los hijos, el colegio o la casa forman parte de las preocupaciones en la vida de los adultos. *La llamada* (2012), del director David Nieto Wenzell, recrea dos horas en la vida de una madre soltera, que debe sacar adelante su casa, su trabajo y a su hijo. Este drama inicia cuando Aurora recibe una llamada y debe acercarse urgentemente al colegio de su hijo. Es el último día de clases y su hijo de 14 años va a ser expulsado.

La llamada (2012) tiene un marcado aire desterritorializado. Ni las locaciones, ni los actores, ni la música nos dan pistas evidentes de una geografía y cultura claramente discernibles, como sucedía en el cine nacionalista de siglo pasado. Los ambientes sociales corresponderían a una clase media que bien podría ser medio argentina, medio ecuatoriana o medio mexicana. Se trataría de una clase media hispanoamericana en el sentido múltiple de lo hispanohablante (Luzuriaga 2019, p.135).

En *La llamada* (2012) la protagonista representa la soledad de la vida moderna que deben enfrentar muchas mujeres en el mundo. El teléfono móvil se convierte en el detonante de una madre cuyo objetivo es llegar al colegio de su hijo para evitar su expulsión. Cada llamada representa un obstáculo a vencer. Esta es una película que juega con las contradicciones de la vida cotidiana, el deber ser buen padre o madre, pero a la vez tener que ser buen trabajador para garantizar el futuro de los hijos. Esta película recrea en dos horas las necesidades y carencias de las familias, se muestra el caos de una ciudad cuyas relaciones se vuelven cada vez más impersonales.

Santa Elena en bus (2012), de Gabriel Páez, es una historia que tiene como locación la provincia de Santa Elena en la región costa ecuatoriana. El bus que conduce Severino, un joven chofer, sirve de nexo para enlazar a los personajes en la historia. Esta película: parte de un proyecto de cine llamado *«Encuentros con el cine»*, que consiste en hacer películas basadas en mitos e historias locales de cada provincia, contadas desde la reinterpretación de jóvenes de comunidades rurales, quienes aprenden mediante talleres gratuitos de cine y actuación cómo se filma una película (García Velásquez, 2015, p. 358). Un cambio en la ruta de Severino hace que el espectador se adentre en la provincia de Santa Elena. Mientras se crea una historia en la que se mezclan las leyendas y tradiciones costeñas creando un drama con tintes de comedia (Narváez Iturralde, 2021).

Esperando en Vilcabamba (2012), de la directora Cécile Juan Raynaud, es un documental trata sobre la vida de un jubilado estadounidense, excombatiente de Vietnam que dice haber encontrado la felicidad en su casa junto al río en el valle de Vilcabamba, pueblo al sur del Ecuador. Este pueblo ecuatoriano se ha convertido en el hogar de varios extranjeros que llegan en busca de paz y tranquilidad (Parrini, 2013).

La Virgen del Cisne (2012), película del director José Paúl Moreira, recrea la leyenda en torno a la devoción a la Virgen del Cisne, cuyo santuario se ubica en la Parroquia el Cisne de la provincia de Loja. La película cuenta que a una joven indígena se le aparecía una hermosa pastorcilla mientras pastaba sus rebaños. Desde la historia de la pastorcita se relatan los milagros realizados por la Virgen del Cisnes y la travesía de un grupo de indígenas a Quito para que el escultor Diego de Robles le talle la primera imagen. La romería del Virgen del Cisne es la más grande en Ecuador. Esta película fue financiada por el Consejo Provincial de Loja (González Rentería, 2015).

Cuento sin hadas (2012), de Sergio Briones es una coproducción boliviana-ecuatoriana. El argumento de la película es el secuestro de niños. Un circo abierto en una pequeña localidad de Ecuador es la pantalla para que una banda de traficantes preste servicios a pedófilos alrededor del mundo a través de una web. El circo y los payasos atraen a los niños que son solicitados por los compradores. Los niños son secuestrados para luego traficar con ellos. Esta película presenta una reflexión de los peligros a los que están expuestos los niños y jóvenes en la actualidad (Jaramillo Valverde, 2020).

La banda los Amigos Invisibles son los protagonistas del documental *La casa del ritmo, a film about los amigos invisibles* (2012), del director Javier Andrade. Para lograr este documental los músicos pidieron la colaboración de sus fans juntando 30.000 dólares. El documental cuenta la historia de la formación de la banda, los discos, las negativas y los fracasos. La narrativa alterna entre testimonios, anécdotas y música. Se registra el show ofrecido en Nueva York por la banda, para celebrar 20 años de carrera.

En 2012 y 2013 se estrenaron los films *Sin otoño, sin primavera* (2012) y *Mejor no hablar de ciertas cosas* (2012), que «se constituyen en retratos de la generación, del sector social y de la ciudad a la que pertenecen los cineastas» (Luzuriaga, 2019, p. 201). *Sin otoño sin primavera* (2012), del director Iván Mora Manzano, habla de las carencias emocionales de que tiene los jóvenes guayaquileños de tres generaciones diferentes. En esta película los protagonistas perteneces a una clase burguesa guayaquileña. En su título el director refleja una ciudad en la que solo hay dos estaciones además contradictorias, un verano frio y un invierno caluroso. Esta película «transita constantemente por Guayaquil, pero se trata de un recorrido incompleto, pues sólo aparece la ciudad de las clases medias o acomodadas. Los pobres o los barrios marginales están ausentes de la representación» (Herrera, 2016, p. 120).

Sin Otoño, Sin Primavera (2012) cuenta las historias entrelazadas de nueve jóvenes guayaquileños de clase media alta. Las historias no siguen una linealidad narrativa, pero los personajes se van conectando de alguna forma en el transcurso de la trama. La película maneja «una estética punk bastante "aniñada", sofisticada, en el lenguaje coloquial de los guayaquileños» (Luzuriaga 2019, p.201-202). El punk como género musical atraviesa la película y forma parte de la banda sonora, mezclando las letras de las canciones con las sensaciones de los protagonistas (Herrera, 2016).

La película recurre a una narración que rompe la linealidad temporal, rompe los ejes de acción, rompe los encuadres, rompe los vidrios, las vallas publicitarias y los corazones de sus protagonistas, mientras suena la canción *Destruye* de Ilegales, el tema que trata de hilvanar la estética punk que se propone la película (Luzuriaga 2019, p.201-202).

En *Sin Otoño, Sin Primavera* (2012) Lucas, un joven cuya ideología es la «anarquía de la imaginación», se convierte en adicto a los somníferos. Su vida se cruza con la de Paula, ella le vende las pastillas. Los jóvenes inician un romance. Antonia está desahuciada, siempre le gustó la fiesta y mantiene su estilo de vida pese a todo. Busca y se reencuentra con su exnovio Martín, quien regresa a Guayaquil con su novia después de ocho años fuera del país. Se rencontrará también con su amigo de juventud Rafa. Ana termina su relación con Rafa. Ana empieza a espiar a sus vecinos Manuel y Sofía de quienes se siente atraída (Narváez, 2019). El clima de Guayaquil forma parte de la narrativa y de las sanciones de los personajes, un clima caluroso, a veces asfixiante que acompaña a los actores en sus crisis e infelicidad. Esta película trata de la búsqueda de los personajes con encontrar respuestas a su infelicidad a sus vacíos (Narváez 2015).

Ruta de la luna (2012), es una coproducción entre Ecuador y Panamá. En esta película su director Juan Sebastián Jácome cuenta la historia de un joven albino que emprende un viaje junto a su padre para competir en un juego de boliche (González Rentería, 2015).

Jhonny Obando, dirigió el film, *Con Elizabeth en Mount Dora* (2012). Es una película de aventura y comedia. Esta película narra los cuatro días que Edilson se queda varado en el pueblo pequeño de Mount Dora cuando se dirigía al matrimonio de su primo. En el pueblo conoce a Elizabeth. Ella cambiará su forma de ver la vida enseñándole a disfrutar cada segundo. La película ha participado en varios festivales de cine y ha ganado el premio a la mejor película del festival internacional de cine L-Dub en 2013.

En 2013 Ecuador eligió presidente. En una primera vuelta electoral ganó nuevamente las elecciones Rafael Correa. El cambio en la Constitución realizado un año antes, permitía al presidente reelegirse nuevamente. Las controversias en relación a una figura de Correa perennizado en el poder fue la base del discurso político de la oposición. Los roces con los medios de comunicación y algunos periodistas se incrementaron, la opinión pública se empezó a fragmentar entre correistas y anticorreistas (Rivera Vélez & Guerrero Salgado, 2014).

Los estrenos de largometrajes durante el año 2013 se incrementaron notablemente en números que hasta la fecha no se habían dado. En un solo año se estrenaron más de 20 largometrajes entre documental y ficción. Surge un fenómeno que se ha estudiado en varios textos, el aumento en los estrenos no está acompañado de un incremento en la taquilla. La película más taquillera del año es del documental *La muerte de Jaime Roldós* (2013) (Loaiza-Ruiz, 2017).

El documental *Sé morir* (2013), de Sarahí Echeverría, es un relato personal. La directora recuerda su infancia mientras debe desalojar la antigua casa de su abuela que va a ser demolida. La directora construye el documental desde un encuentro con los espacios que han sido olvidados, la casa empieza desaparecer. Este documental se filma en un mes, el mes que tienen para desalojar la casa (Yépez Mosquera, 2021).

Los exintegrantes del servicio de inteligencia de la policía ecuatoriana cuentan como sucedió el operativo de captura del asesino en serie más joven de Ecuador, Juan Fernando Hermosa, conocido como «el niño del terror». El documental de los hermanos Soasti *J.F. Hermosa, tras la sombra del «Niño Del Terror»* (2013), lleva al espectador a la década de los noventa, cuando la policía inicia las investigaciones de una serie de asesinatos a taxistas, camioneros y homosexuales. La aprensión de un grupo de ladrones los lleva a Hermosa y su banda delictiva de jóvenes de entre 15 y 17 años. En base a una serie de testimonios y anécdotas, el documental revive el operativo de captura en el que muere la madre de Hermosa. El adolescente es sentenciado a cuatro años en el centro de rehabilitación de menores de Quito. A los dieciséis meses de su condena escapó de prisión asesinando a un policía. Fue recapturado y salió en libertad en 1996. Hermosa es asesinado cuando tenía 20 años. Encontraron su cadáver desfigurado y con signos de tortura a orillas del río Aguarico, en la ciudad amazónica de Lago Agrio donde vivía con su padre (Almeida Mariño & Coral Castillo, 2019).

Yakuaya (2013), de Marcelo Xavier Castillo Sabando, entra en lo que Luzuriaga (2019) denomina documentalismo "transparente", que se entiende como un documental que nos es relatado por el autor, sino que los elementos implícitos es la historia son los encargados de llevar el hilo conductor de la narrativa. Yaku: agua y Aya: esencia, sangre y espíritu. *Yakuaya* (2013), es un documental que habla del agua. El documentalista se vale de una gota de agua para construir su narrativa. La gota de agua se desprende de un glaciar e inicia un viaje en que nos muestra como el agua incide en la vida del campo, en las fábricas, en las ciudades, se encuentra con una mujer, da esperanza en los desiertos, llega al río y luego al mar donde juega con los niños. El trayecto de la gota resume la importancia del agua para la vida. El agua es como la sangre, sin ella no podemos vivir (Luzuriaga Jaramillo, 2020).

Mujer tras la ventana (2013), de Nicolás Cornejo, es un documental que busca salvar la memoria histórica tras el nombre de Manuela Espejo, considerada pensadora liberal quiteña. Un grupo de historiadores deciden investigar la vida de la hermana de Eugenio Espejo, primer periodista ecuatoriano. A lo largo del documental los historiadores encuentras pocos datos de la biografía de Manuela Espejo. En un intento de ponerle un rostro se construye un busto tomando en cuenta las facciones de su hermano y el aparente parecido que podía tener con él.

El documental *Soñarse muerto* (2013), de Micaela Rueda, trae a la vida la obra del músico Amable Ortiz, cuyas obras reposaban en una biblioteca familiar. *Soñarse muerto* (2013) es una de las composiciones de Carlos Amable Ortiz. La directora y el bisnieto del músico José Manuel se convierten en protagonistas de la historia. Desde la figura y la obra del músico sacando a la luz 237 partituras. En este documental se recupera la obra musical de Amable Ortiz y se involucra con músicos e investigadores para junto al bisnieto del compositor realizar un concierto con sus obras. Las obras del Ortiz cuentan de alguna forma la historia de Quito, en obras como: *Reír llorando, No te olvidaré, Maratón de Quito* (Gavilanes Tamayo, 2017).

Carcelén bajo, barrio ubicado en el sector norte, en las afueras de la ciudad de Quito, es donde viven un grupo de mujeres afroecuatorianas retratadas en el documental *El barrio de las mujeres solas* (2013), de Galo Betancouth. En este documental se desarrollan varias preguntas respecto a la identidad ecuatoriana (León, 2015). Las mujeres consideradas solas por no tener una pareja han construido un matriarcado que le ha permitido sobrevivir a los maltratos y el abandono del que han sido víctimas. El documental las muestra como un grupo fuerte que caminan de la mano junto con sus hijos, y nos permite adentrarnos en sus momentos de alegría y tristeza. El documental presenta a este grupo de mujeres afroecuatorianas que han formado este matriarcado para protegerse. Esta hermandad las ha ayudado a salir adelante con su vida y su familia. Intrínsecamente este documental hace una crítica a la sociedad machista, al racismo y a la falta de atención de las autoridades. Pero, también deja un mensaje esperanzador de la hermandad y solidaridad que existe entre las mujeres.

En el centro de la tierra había fuego (2013), del director Bernhard Hetzenauer, desde la búsqueda de identidad y conocer el pasado de su abuelo en la SS alemana, el director se acerca a la psicoterapeuta Vera Kohn de 98 años, pionera del Zen Budismo en Ecuador. Kohn y su familia que huyeron del régimen nazi a América del Sur en 1939. El director austriaco conecta con ella para descubrir los que une a dos familias en esencia contrarias a un país como Ecuador. Este documental enfrenta el pasado con el presente a través de filmaciones y fotos caseras que hablan del paso del tiempo y la historia (Gavilanes Tamayo, 2017).

Tierra adentro (2013), de Gerardo Merino Rosero, revive el terremoto de Ambato sucedido en 1949 que dejó casi en ruinas la ciudad. El recuerdo se construye desde las memorias de los sobrevivientes que cuentan como ocho minutos bastaron para dejar todo en silencio (López Núñez, 2022).

El 8 de diciembre de 2011 nació Satya. Sus madres Helen y Nicola la intentaron inscribir con sus apellidos en el Registro Civil. Se les negó la inscripción de la niña con el apellido de dos madres. La Defensoría del

Pueblo realizó una acción de protección en contra de la inscripción de la niña en el Registro Civil. El documental *La importancia de llamarse «Satya Bicknell Rothon»* (2013), de la directora Juliana Khalifé, reconstruye el caso de Helen y Nicola, extranjeras que trabajan en Ecuador. Tras la negativa de la inscripción el caso de las mujeres se volvió mediático. Se generó un debate nacional en el que participaron grupos de apoyo a las mujeres. Pero también se hace evidente la homofobia y discriminación que se vive en Ecuador. Este documental cuestiona la Constitución ecuatoriana, los derechos que en el papel apoya a estas madres, pero en la práctica no se respetan (Chávez Revelo, 2015).

En 1981 murió el presidente Jaime Roldós y de su esposa Martha Bucaram en un accidente de aviación en circunstancias que se consideraron sospechosas. El documental *La muerte de Jaime Roldós* (2013), de Lisandra Rivera y Manolo Sarmiento, retoma este episodio dramático en la historia de Ecuador (Muriel, 2015). «El evento que recrea la película de Lisandra Rivera y Manolo Sarmiento es un acontecimiento Histórico de relevancia para el país: el presunto asesinato del presidente con mayor votación popular de todos los tiempos» (Luzuriaga, 2016, p. 3).

El filme se contextualiza usando la analogía de las dos muertes de Roldós. La primera, la conspiración que lo llevó a su muerte, que:

> Parte de una minuciosa revisión de archivos fílmicos e históricos nacionales para reconstruir los acontecimientos que siguieron al regreso del país a la democracia tras las elecciones de 1979, la llegada de Jaime Roldós al gobierno y su controvertida muerte.
>
> (CAMAS BAENA, 2016, P. 313).

En el contexto de dictaduras que vivía Latinoamérica llegó al gobierno un presidente joven que ganó las elecciones con una amplia mayoría. Planteó una política nacionalista de respeto a los derechos humanos. Este contexto esboza una teoría de la primera muerte, la muerte física (Brito Montenegro, 2015).

En adelante el documental mantendrá estas dos líneas paralelas de argumentación: la de los sucesos vinculados al gobierno del presidente Roldós y a su muerte en el choque del avión presidencial. La segunda muerte, la muerte del nombre y el recuerdo de Roldós. La manipulación la imagen del presidente fallecido y tragedia familiar aprovechada por los hermanos de Martha Bucaram para crear y fortalecer el Partido Roldocista Ecuatoriano (PRE). La presencia del Ex presidente Abdala Bucaram quien se tomó el nombre de Roldós como su heredero político con un discurso populista logró afianzarse políticamente aprovechando el contexto del país tras su muerte (Villafuerte Almeida, 2014).

> En *La muerte de Jaime Roldós*, la voz del documentalista cumple, además, otra función: personificar la figura del documentalista como investigador. Figura del investigador que luego se consolida en cuerpo y alma en el film: el investigador entrevista a los políticos de la época, a los hijos del presidente, recorre varias ciudades de América visitando archivos, tras las pistas que le permitan esclarecer la muerte de Roldós. El documentalista se documenta a sí mismo en este proceso. Recurso usado, sobre todo, en el denominado documental de autor.
> (LUZURIAGA 2016, P.3).

La muerte de Jaime Roldós (2013) se estrenó después de treinta años de la muerte del presidente. Este documental busca reescribir un capítulo de la historia ecuatoriana. El rol de los documentalistas como investigadores lleva al espectador a descubrir archivos y eventos de los que no se habían hablado hasta el momento. «Los directores utilizaron los significados denotativos propios de la historia nacional conocida para brindarle un significante denotativo. En otras palabras, con las imágenes presentadas en la película legitimaron la idea de la posible conspiración» (Loaiza-Ruiz, 2017, p. 130).

En *La muerte de Jaime Roldós* (2013) el componente histórico se combina con el componente emotivo, cuando se entra en la vida de los hijos del expresidente, sus recuerdos, sus decepciones y cómo cambió su vida a partir de la muerte de sus padres. Finalmente, el documental hace una fuerte crítica a la política ecuatoriana en un monólogo realizado por Santiago Roldós, hijo del presidente Jaime Roldós. Este documental generó muchas expectativas en la prensa y la opinión pública nacional. Atrajo una taquilla de 54.873 espectadores y ha sido proyectado en colegios y universidades para que los jóvenes conozcan una parte de la historia de Ecuador (Vásquez, 2018).

El documental *Estrella 14* (2013), de Santiago Paladines, retoma el fútbol como elemento narrativo. En este caso la historia de Barcelona Sporting Club que después de catorce años consiguió nuevamente el campeonato nacional de fútbol (Jaramillo & Cruz Rosero, 2015).

Los años viejos es una tradición ecuatoriana en la que construyen monigotes de cartón y tela y se queman la noche del 31 de diciembre.

Esta tradición se ha convertido en un arte. El documental *Años viejos* (2013), de José Yépez López, trata sobre la elaboración de los años viejos en la ciudad de Guayaquil. El documental muestra como los artesanos fabrican las caretas o mascarás con los rostros de personajes que dependiendo del año pueden ser políticos, artistas o famosos. Y la elaboración de los monigotes que pueden llegar a ser estructuras de varios metros de altura y que cuentan una historia. Generalmente se recrean eventos políticos, problemas ambientales o sociales. Con la quema de los años viejos se quema todo lo malos que ha sucedido durante el año que termina (Gavilanes Tamayo, 2017).

Mateo Herrera, guitarrista del grupo ecuatoriano El Retorno de Exxon Valdez, mandó a construir con el lutier Raúl Lara una guitarra. *Resonancia* (2013) nace del arte que para el director del documental el mismo Mateo Herrera, representa el proceso de elaboración de un instrumento musical. Este documental con pocos diálogos trabajado en el espacio cerrado del taller pone énfasis en los sonidos que acompañan el proceso de construcción de una guitarra (Flores Velasco, 2014).

El Ángel de los sicarios (2013), largometraje de ficción del director Fernando Cedeño. Ángel es un joven que se venga por el asesinato de sus padres. Sus padres son asesinados por un grupo de sicarios pagados por un empresario adinerado. Al darse cuenta lo difícil que resulta encontrar a los sicarios que mataron a sus padres decide matar a todos. Él y un grupo de amigos que han perdido a sus familiares en manos de sicarios deciden tomar justicia hasta eliminarlos a todos. Esta película se desarrolla en la ciudad de Chone. La venganza es el sentimiento que impulsa al protagonista a jugarse la vida por conseguir su objetivo (Ramos Monteiro, 2016). Esta película y las que entran dentro de este género retoman en sus argumentos el concepto de «ley del monte, de la justicia por manos propias (o contratadas) para vengar el honor herido o la muerte de un familiar» (Luzuriaga, 2019, 225). Al final de la película, cuando el vengador ha conseguido su objetivo y puede ser feliz, es asesinado por un sicario. La madre de una de sus víctimas pagó para cobrar venganza por la muerte de su hijo.

La viuda en el tejar (2013), del director Jorge Bastidas, cuenta la leyenda quiteña que lleva el mismo nombre. La historia habla de una mujer hermosa que se convirtió en un alma maldita. La mujer camina a altas horas de la noche vestida de negro por las calles del barrio del Tejar en el Centro de la ciudad de Quito, buscando las almas de los vivos para llevárselas.

Tinta sangre (2013), del director Mateo Herrera, trata de seis romances fallidos que tiene como escenario la ciudad de Quito. El director utiliza la casualidad como recurso narrativo. Los protagonistas son personajes de clase media. En esta película se recrean los estereotipos con los que se relaciona la cultura de la clase media quiteña, el músico alternativo, la madre soltera, la ejecutiva, los místicos o los naturalistas. Esta película discute sobre la forma de dar afecto, el sexo, la edad de la pareja o las clases sociales. Las experiencias pasadas entran en juego en las nuevas experiencias de estas parejas. La ciudad de Quito se muestra fría y nublada (Jaramillo Valverde, 2020).

No robarás (a menos que sea necesario) (2013) es una película dirigida por Viviana Cordero. Tiene como protagonista a una adolescente del sur de Quito, rebelde, independiente, que lucha contra la dependencia y el maltrato masculino. Lucía tiene cuatro hermanos menores, viven con su madre y su padrastro. Su madre es maltratada por su esposo alcohólico. La joven integra una banda de punk junto con sus amigos. La música los redime y los une. Su madre hiere a su marido cuando se defiende de sus golpes, es detenida y apresada. Al quedarse sola y a cargo de sus hermanos, Lucia empieza a robar para poder darles de comer. El dinero de los pequeños robos no le alcanza para pagar un abogado que saque a su madre de la cárcel. Su siguiente opción es la prostitución, pero ella no está dispuesta hacerlo. Con sus amigos de la banda deciden arriesgarse a realizar atracos y asaltos audaces para ganar más. La música punk es un género que atraviesa varias películas nacionales, se asocia con los jóvenes y la rebeldía.

La película reivindica la función social que la música punk cumple entre alguna juventud de los barrios empobrecidos, especie de tribu urbana contracultural y familia real para los chicos que la integran. Al haber hecho este recorte en el gusto musical de la protagonista, el gusto por el punk, la obra redujo notablemente su poder de convocatoria (Luzuriaga, 2019, p. 187-188).

En *No robarás (a menos que sea necesario)* (2013) Lucía consigue su objetivo, logra sacar a su madre de la cárcel. La madre y sus hijos viajan a otra ciudad poniendo fin a la violencia que vivían. En esta película las opciones de la protagonista bifurcan entre prostituirse y entrar en el círculo de dependencia masculina que ella ha logrado romper; y robar, por lo que robar, se vuelve necesario. Al analizar las tramas de las películas ecuatorianas en especial las que hablan de Quito, resulta común que los dramas y los problemas sociales y económicos sean naturales de los pobladores de este sector sur de la ciudad. El concepto de la ciudad dividida se hace evidente en la concepción de problemática social que se otorga a un punto geográfico de la capital.

La guerra de 1941 y 1942 entre Perú y Ecuador se inició por una disputa territorial. Perú argumentó que las tropas ecuatorianas invadieron el sector de Zarumilla. Esto inició una batalla en la zona fronteriza de la selva amazónica. Los gobiernos suscribieron el 29 de enero de 1942, el Protocolo de Paz, Amistad y Límites de Río de Janeiro, delimitando las fronteras de ambos países. Este evento es el contexto de la película *Mono con gallinas* (2013), del director Alfredo León. Es una coproducción ecuatoriano-argentina, que tomó como referencia lo que vivió el tío abuelo del director, soldado ecuatoriano (Fuertes Jácome, 2016).

En *Mono con gallinas* (2013) el protagonista, Jorge, es un joven de 18 años que es apresado por los peruanos en la selva de Iquitos. Es capturado por el escuadrón del teniente Ponce (Bruno Odar). El teniente los trata con respeto, pero cuando se embriaga descarga su ira con los presos. Tras nueve meses de su cautiverio, su pelotón en Ecuador, lo declaran como hombre caído en combate (García Velásquez, 2015).

Mientras está preso el protagonista se enamora de la enfermera Dolores. Esto lo ayuda a sobrellevar su encierro. Cuando se presenta la posibilidad de escapar él debe decidir si seguir preso junto a su amor o huir con sus compañeros. Más que un relato de guerra, esta película habla de solidaridad y respeto por la vida. El nombre de la película se deriva de los apodos que se pusieron los soldados de ambos países. A los peruanos los llamaba «gallinas» y a los ecuatorianos «los monos» (Luna-Montalvo, 2016).

Al igual que en *Mono con Gallinas* (2013), *Distante cercanía* (2013), película del director Alek Schelenker, está ambientada en la década de los años cuarenta. Bernardo José Riofrío, empleado de un banco, vive con su madre, una mujer controladora de salud deteriorada. Él está enamorado de la enfermera Pepita. Pensando en lograr el amor de Pepita decide aceptar la propuesta del doctor de su madre, Kurt Mainzel, un alemán nazi. Riofrío debe robar el dinero de la bóveda del banco en el que trabaja. Con el dinero comprarían marcos alemanes, y abrirían un banco en un pequeño pueblo cercano a Quito, Yumbaña (Loaiza Ruiz & Gil, 2015). Desde la comedia, esta película recrea la sociedad quiteña de la década de los años cuarenta, y hace alusión a los problemas que ha enfrentado Ecuador décadas después como:

El arribismo del empleado bancario subsiste y lo perpetúa como desfalcador de los ahorros de la población, personificando lo que a fines de siglo el país vivió como el feriado bancario, cuando la clase media ecuatoriana vio esfumarse sus ahorros en un día.
(LUZURIAGA, 2013, P. 79).

El facilitador (2013), de Víctor Arregui, es la historia de una joven que regresa a Ecuador para cuidar a su padre desahuciado. Los traumas del pasado y la relación fría con su padre hacen que la joven se dedique a consumir alcohol y drogas. Su padre la envía a la hacienda de su abuelo. En la deteriorada hacienda se encuentra con Galo, un amigo de la infancia y la involucra en una minga. Al conocer la cultura indígena decide involucrarse en la organización de las comunidades. La protagonista «rompe con un ensimismamiento y comulga con las causas sociales indígenas en la protección del páramo y del agua» (Luzuriaga Jaramillo, 2021, p. 659). Esta película revive varios temas que rondan las películas nacionales, la diferencia de clases sociales y la idea de que los ricos son los malos y lo pobres son los buenos (Torres, 2018, p. 53). Este film retoma la idea del viaje a la hacienda de la familia acaudalada como el inicio de la trama y representa el punto de giro en la vida de los protagonistas.

La película Camino a la meta (2013), de Diego Ortuño, muestra la preparación de tres atletas para los Juegos Olímpicos de Londres 2012. Este documental se adentra en la preparación y los sacrificios que deben hacer los atletas para llegar a unas olimpiadas. Rolando Saquipay nació en Cuenca, Ecuador, y no tiene los recursos económicos para dedicarse únicamente al deporte. Beatriz Pascual atleta española entrena diariamente dejando de lado muchos aspectos de su vida personal. Claudio Villanueva, cuencano al igual que Rolando, decide emigrar a Cataluña para tener mayores oportunidades deportivas. Claudio y Beatriz Pascual entrenan en el Centre d'Alt Rendiment de Sant Cugat del Vallès. Tres deportistas con realidades muy distintas que tiene en común el deseo de ganar una medalla olímpica. Este documental relata además la situación de los deportistas ecuatorianos y la falta de apoyo a la que se enfrentan (González Rentería, 2015).

Ya no soy pura (2013), de Edgar Rojas, cuenta la historia de Pura, una mujer de 40 años que durante una década esperó que regrese su novio migrante. Pura es maestra de escuela, su madre y amigas la incomodan cuestionando su soltería. Pura viaja a Guayaquil para publicitar las fiestas de su pueblo. En su viaje conoce a Ángel, un stripper, que está por casarse. Pura y el joven se sienten atraídos. Pura, por divertirse le comenta a una amiga que regresa al pueblo con su novio. El chisme recorre el pueblo y todos empiezan a planear la boda. El viaje de regreso hace que Pura y Ángel se acerquen. Esta película muestra las consecuencias de la migración de 1999, pueblos en los que la población mayoritaria eran abuelos al cuidado de los nietos y unas pocas mujeres que como Pura quedaron a la espera de sus novios o esposos (Mejía Arriaga, 2017).

Rómpete una pata (2013), de Víctor Arregui, es una película que se desarrolla en el teatro de un centro comercial, en el que se ensaya el montaje obra. El compromiso artístico y la disciplina actoral se mezcla con las personalidades y particularidades de los actores. Una película en la que el director experimenta con los encuadres y los movimientos de cámara para captar emotividad (Erazo Proaño, 2015).

El Conejo Velasco (2013), del director Pocho Álvarez, busca revivir la memoria en torno Fernando Velasco Abad, conocido como El Conejo y considerado uno de los pensadores ecuatorianos más prometedores. El documentalista reconstruye la historia del Conejo Velasco, desde los recuerdos de su familia amigos y su pensamiento. Intelectual y líder político que muere en 1978. Esta película conecta al espectador con el pensamiento quiteño de la clase media en los años setenta, las influencias marxistas y el movimiento indígena. Velasco es fundador del Movimiento Revolucionario de los Trabajadores (MRT). Su obra Ecuador: subdesarrollo y dependencia es un referente en el pensamiento crítico ecuatoriano. En ella cuestiona el subdesarrollo y las nociones de estado nación (Carvajal Calero, 2015).

Asier y yo (2013), de Amaia y Aitor Merino, realiza un acercamiento al mundo del grupo terrorista ETA, desde el mejor amigo del director. El director busca entender el pensamiento e ideológica de los grupos independistas, separados de la imagen de ETA. Este documental genera varias reacciones encontradas, en relación a ETA y los que ha representado en la historia de España. Finalmente presenta un «retrato íntimo de dos amigos, porque al final, pase lo que pase y contra todo pensamiento racional, son y serán siempre amigos» (García Márquez, 2014).

Silencio en la Tierra de los Sueños (2013), de Tito Molina, «se convertiría en la segunda película ecuatoriana en entrar en la carrera de los Oscar en la modalidad de película extrajera» (Loaiza Ruiz & Gil, 2015, p.60). El film nos cuenta la historia de una anciana que se encuentra sumergida en soledad tras la muerte de su esposo. Dormir es lo que la aleja de la tristeza. Cuando duerme sueña con una inmensa playa y al despertar comienza vuelve a su rutina diaria. Un día llega a su puerta un perro. Él se convertirá en el compañero de su rutina en el día y en las noches en sus caminatas por la playa en sus sueños. La anciana vive en una casa de caña típica de la costa ecuatoriana. Para conocerla la cámara nos acerca a su vida y su pasado enfocando fotos de su esposo. La vemos limpiar la casa. También se nos muestra un teléfono, la vemos reírse viendo la televisión, vemos la gente de su barrio, pero ella siempre está sola. El teléfono nunca suena y aunque hay gente en la calle nadie entra a visitarla.

El punk nuevamente acompaña la trama de la película *Mejor no hablar de ciertas cosas* (2013), de Javier Andrade. La película tiene como protagonista y narrador a Paco Chávez, joven adinerado de Manabí. Él y su hermano son adictos a todo tipo de drogas. Esta película se convierte en la primera película ecuatoriana «preseleccionada para competir en los premios Oscar, en la categoría de Mejor Película Extranjera» (Loaiza Ruiz & Gil, 2015, p. 60).

Mejor no hablar de ciertas cosas (2013) narra de forma lineal la vida decadente e irresponsable de Paco y su hermano menor, músico punkero que hará todo para conseguir drogas e impulsar su banda. Las drogas y el romance con Lucía su novia de colegio impulsa su vida. «La película manabita es el autorretrato de una familia lumpen-burguesa, con padre madre e hijos, y nueras, yernos y suegros, narrado con la sola voz interior del hijo mayor. Sin ninguna responsabilidad y sin preguntas» (Luzuriaga, 2019, p. 204).

El hermano de Paco, totalmente descontrolado, decide robar una figura de un caballo de casa de sus padres para cambiarlo por drogas. Su padre los descubre robando, el enojo hace que sufra un ataque al corazón y muera. Esta pelea cambia la vida de los hermanos. Su madre y hermana se mudan a Miami y no soportan quedarse en la ciudad. Entre drogas, malos entendidos, el *diller* (camello) que les provee las drogas mata al hermano, la novia y al exesposo de la novia de Paco. Paco y el hijo de su novia se esconden y quedan vivos. La película concluye con un Paco «reformado», asumiendo el papel que siempre debió tener en su familia. Ser el hijo mayor, comprometidos con una mujer que no ama, pero le conviene, dedicado a la política como su padre, y como dice el protagonista, podría llegar a presidente. *Mejor no hablar…* (2013), como se conoce a esta película, habla de las acciones y las consecuencias, pero al final el dinero puede lavar las culpas de cualquiera (Roberts-Camps, 2015).

En el 2014 se iniciaron las clases de la primera promoción de las Escuela de Artes Musicales y Sonoras, Escuela de Cine y la Escuela de Literatura en la Universidad de las Artes. Esta universidad se creó a través de Registro Oficial No. 147 el 17 de diciembre de 2013. Tiene como sede la ciudad de Guayaquil. Se convirtió en la primera universidad pública ecuatoriano en centrar todas sus carreras en las artes visuales, escénicas y literarias. En 2015 inició su primera promoción de las carreras de las escuelas de Artes Visuales y Escuela de Artes Escénicas. El edifico de la antigua Gobernación del Guayas, fue restaurado y adaptado para el funcionamiento de la universidad (Saona Lozano, Tigrero Vaca & Santillan Saona, 2022).

El incremento en los estrenos de largometrajes ecuatoriano se mantiene en 2014. Se estrenan tres mediometrajes, *Comuna Engabao*, de Libertad Gills Arana; *Medio camino* de Adrián Balséca y Tomás Astudillo; el corto documental *Las golondrinas* de Juan Pablo Rovayo y Diana Rivera; y el corto animado Vicenta de Carla Valencia. Los estrenos de cortos y mediometrajes aumentan este año. El incremento será mayor en los años siguientes.

El secreto de la luz (2014), de Rafael Barriga, indaga en el trabajo del sueco Rolf Blomberg, uno de primeros en documentar las nacionalidades indígenas. A través de fragmentos de sus películas, fotografías e ilustraciones, el documental narra la historia de Blomberg desde su trabajo y acercamiento audiovisual a Ecuador.

Canoa mágica (2014), de Sonia Angelita González, cuenta la historia de un niño elegido por la diosa Tzunki para salvar a su pueblo. El deberá construir una canoa mágica para entrar al mundo de los dioses y salvar a su pueblo (Torres Paz, 2021).

Cometa en órbita (2014), de Víctor Naya Kuu, es un documental animado que narra la historia de un cometa que viaja por el espacio y se encuentra con diferentes planetas y civilizaciones. El cometa representa la curiosidad y el asombro por el universo, y también la soledad y la búsqueda de sentido. El documental tiene una duración de 25 minutos y ha participado en el Festival de Cortos Latinos de Nueva York, el Festival Internacional de Cine de Animación de Annecy y el Festival Internacional de Cine de Animación de Hiroshima.

Foto estudio (2014), de Liliana Correa y Nicolás Mejía, es un documental que retrata la vida y el trabajo de los fotógrafos ambulantes que recorren las calles de Quito ofreciendo sus servicios. El documental muestra la diversidad de personajes, historias y técnicas que se esconden detrás de cada fotografía, y también reflexiona sobre la memoria, la identidad y el arte. El documental tiene una duración de 30 minutos y ha participado en el Festival de Cine Documental EDOC, el Festival de Cine de Guayaquil y el Festival de Cine de Lima.

Un documental que habla sobre el cine ecuatoriano a través de un viaje de dos amigos. *¿Quién es X Moscoso?* (2014), de Juan Rhon, es un documental que cuestiona el futuro del cine ecuatoriano, el espíritu de las películas nacionales, la entrega de los directores, el mercado y la taquilla (González Rentería, 2015). X Moscoso el amigo del director, con quien emprende este viaje por cuatro países, entre risas y charlas bajo la idea de descubrir el agua tibia, como se promociona este documental «sobre alguien y sobre nada, sobre la vida y sobre las relaciones, un viaje a cuatro países que no conducen a un lugar en específico».

La Tola Box (2014), de Pável Quevedo, es la historia de un niño aspirante a boxeador, es un documental sobre «un gimnasio en el centro de Quito, espacio donde confluyen varias historias de vida, como la de un boxeador amateur que peleó con cinco campeones mundiales» (Flores Velasco, 2014, p. 123).

Fusionlab (2014), de Ana Carolina Báez, es la primera coproducción entre China y Ecuador. Esta película recoge el recorrido de la banda Shanren de China por las comunidades de la sierra y el oriente ecuatoriano, en una exploración de los sonidos y la música de las comunidades indígenas.

País invisible (2014), de Alexandra Cuesta, registra el paso del tiempo en los poblados pequeños de Ecuador. Este documental no tiene guion ni personajes. La cámara se sitúa en un lugar único con un cuadro fijo. La cámara capta el paso del tiempo y la vida cotidiana que pasa frente a ella. Para este documental se colocaron cámaras en las comunidades Carpuela, Chalguayacu, Juncal, Campamento, El Matal, Jama, Susudel, Oña, Comunidad Cascabel II, 24 de Mayo y Loreto de las provincias de Orellana, Bolívar, Imbabura, Manabí y Azuay (González Rentería, 2015). *Territorio* (2014) se estrenó en el Festival de Ann Arbor (Estados Unidos), estuvo en el Bafici (Argentina) y se estrenó en Ecuador, en la sección 'Cómo nos ven. Cómo nos vemos' de la XV edición del Festival Encuentros del Otro Cine (EDOC), y en la Bienal de Cuenca.

Dentro del género documental se estrenaron los cortos *Jambelí, un paraíso olvidado* (2014), de Tito Torres. Y los mediometrajes *La clara y la oscura* (2014), de Andrés Cornejo Pinto; *La deuda* (2014), de José Yépez López; *Secretos del Yasuní* (2014), de Carlos Andrés Vera: *¡A un* *dólar¡!A un dólar¡* (2014), de María Aguilera Reche; y *Carlitos* (2014), José Antonio Guayasamín. Se estrenaron las películas *Alberto Spencer, ecuatoriano de Peñarol* (2014), de Paúl Venegas y *La herencia* (2014), Guillermo Angamarca (Yépez Mosquera, 2021).

Dónde está el tesoro (2014), del director César Carmigniani Garcés, cuenta la historia de un hacendado, que para hacer que sus hijos regresen al país les ofrece una herencia. Al llegar sus hijos los embarca en una búsqueda del tesoro por la provincia del El Oro. Esta película muestra la geografía de la provincia bosque de Puyango, Zaruma, las playas de Jambelí, la laguna de Chilla. La búsqueda del tesoro concluye con un encuentro con lo que realmente importa en la vida, la familia.

Un par de estúpidos (2014), de Iván Valero, relata el encuentro de dos amigos, que vivirán una serie de situaciones cómicas, cuando uno de ellos impide de forma accidental que el otro sea secuestrado. La predicción de una inminente catástrofe en Quito es la trama de la película Terremoto Quito de Javier Díaz. Los protagonistas intentan salvar a los habitantes de la ciudad de unos de los peores eventos sísmicos que va acontecer en Ecuador.

La Puta Realidad (2014), de Gabriela Calvache, es una historia en la que se cuestiona el machismo en el que cimientan las bases de la masculinidad. Julián, un hombre de 45 años, entra en una crisis en la que debe reflexionar si lo que define su masculinidad es correcto o está afectando sus relaciones personales. El personaje debe enfrentarse a la relación que tiene con su esposa y su hija, y a la relación que mantiene con las prostitutas que frecuenta (González Rentería, 2015).

Quito 2023 (2014), de Cesar Izurieta y Juan Fernando Moscoso, es un largometraje ecuatoriano que por primera vez entra en el género de la ciencia-ficción. La película inicia con un resumen de los cambios de gobierno desde 1980. En 2023, un grupo de jóvenes fraguan la destitución del dictador que está en el gobierno. Fuera del nombre del filme, de la relación de datos históricos y de la manera quiteña de hablar el castellano identificable para el espectador de Quito, la película no se ubica en un entorno cultural reconocible que se pueda deducir como quiteño (Luzuriaga 2017, p. 4).

Saudade (2014), la ópera prima de Juan Carlos Donoso, centra su historia y se contextualiza en la crisis financiera de 1999 hasta el derrocamiento del presidente Jamil Mahuad. Miguel, un adolescente de 17 años que no tiene recuerdos de su madre, radicada en Argentina. La madre de Miguel enferma y pide al padre que lleve a su hijo para verlos antes de morir. Miguel decide que no quiere ir a ver a su madre. El día que su padre viaja se arrepiente e intenta alcanzarlo en el aeropuerto, pero ya es tarde. Se queda con su madrastra y hermanastra (González Rentería, 2015).

En *Saudade* (2014) el director crea una estructura narrativa basada en muros y bases frágiles que dan cuenta de la barrera entre los adultos y los adolescentes, por ejemplo, el muro de la escuela que los jóvenes trepan para escaparse de la secundaria. En pantalla las siluetas de los adultos al fondo de la casa discutiendo sobre cuestiones políticas, el protagonista prefiere no encontrarse con ellos, por lo que entra a su cuarto por la ventana (Solano Ortíz, 2020, p.172-173). Un año en la vida de los jóvenes se mezcla con los elementos que marcaron la crisis económica de 1999. La falta de liquidez de los bancos y la retención de los ahorros, se grafica cuando la madre necesita pagar las pensiones del colegio. En unas escenas deben ayudar a mudarse a unos de sus amigos, sus padres han perdido su casa. Se muestra la devaluación del sucre y el cambio a dólares, las manifestaciones y el derrocamiento de Mahuad (Babino, 2015).

Feriado (2014), de Diego Araujo, al igual que *Saudade* (2014) se ubica en el año de 1999, durante el feriado bancario. Juampi, el personaje principal de la película llega a pasar las vacaciones de carnaval en la hacienda donde está refugiado su tío Jorge, un banquero que es buscado por las autoridades. Desde la perspectiva del banquero, él es un perseguido político. Juampi, adolescente quiteño de clase media alta, no tiene una buena relación con sus primos, a quienes considera prepotentes. En su estancia en la hacienda conoce Juano, joven indígena, metalero con quien empieza a recorrer el campo (Luzuriaga Jaramillo, 2021).

En *Feriado* (2014), Juampi debe permanecer y festejar en la hacienda de su tío para que la familia no rompa lazos internos por el contexto político. Ninguno de los protagonistas desea ir; todos asimilan el trayecto en su soledad, en una actitud introspectiva de vivencia del paisaje desde lo extraño, desde una alteridad que descubre lo rural desde el ser urbano (Luzuriaga Jaramillo, 2021, p. 657). Durante el tiempo que comparte con Juano, Juampi empieza a sentirse atraído por el joven. *Feriado* (2014) toca el tema de la crisis bancaria, como el contexto para que el protagonista descubra el mundo rural y su homosexualidad. Esta película habla sin estereotipos de la homosexualidad (Andrade Mendoza & Vega Reyes, 2018).

Novios por esta noche (2014), comedia romántica de los directores Luis Rojas Amaya e Israel Ricaurte, es la historia de una joven adinerada que quiere ser directora de cine. Sus padres no apoyan en su proyecto porque quieren que sea empresaria. Para lograr su sueño debe buscar un novio pobre, para ello tiene solo una noche (Mejía Arriaga, 2017). *Ciudad sin sombras* (2014), coproducción ecuatoriano-colombiana, es una película del director Bernardo Cañizares. Esta película trata de una joven punkera que cuyo objetivo es salvar a su abuelo, a quien una farmacéutica lo utiliza para pruebas ilegales. Ana huye con su abuelo y debe luchar por sobrevivir. Esta película tiene un mensaje implícito sobre la corrupción y manipulación de la industria farmacéutica (Mejía Arriaga, 2017).

Sexi Montañita (2014), del director Alberto Pablo Rivera, cuenta la historia de dos amigos, uno quiere ser una estrella de televisión y el otro está pasando por la ruptura de su matrimonio. Los amigos viajan a Montañita donde esperan tener la fiesta de sus vidas. Conocen a una argentina y ambos se interesan en ella. En el transcurso de noche y la fiesta las cosas empiezan a descontrolarse para los personajes y la noche cambia de divertida a trágica (Becilla García, Rodríguez Ponce & Lemos Beltrán, 2019).

A estas alturas de la vida (2014), de los directores Alex Cisneros y Manuel Calisto, los personajes son los directores, quienes encarnan a dos amigos que se sumergen en largas charlas en la terraza desde donde espían a sus vecinos a través de un telescopio. Los amigos hablan de la renta, de conseguir trabajo, de los sueños que quieren realizar. Conversan de cambiar sus vidas y la oportunidad se les presenta cuando ven por el telescopio a un hombre ensangrentado sobre una mesa llena de dinero. La locación principal de la película es la terraza. Las conversaciones de los amigos construyen una comedia irónica en la que dos adultos se cuestionan el curso que han tomado sus vidas (Estrella Silva, 2016).

El documental *Natem, la bebida sagrada de los shuar* (2014) de Mónica Hinojosa. Es un documental etnográfico-participativo que muestra el uso ritual de la ayahuasca en la comunidad shuar de Shaime, en Ecuador. El documental se basa en la observación participante y las entrevistas con las autoridades, los sanadores y los consumidores de la bebida sagrada. El documental expone cómo el consumo de ayahuasca refuerza la identidad cultural de los shuar, y cómo se enfrentan a los cambios sociales y culturales provocados por la modernidad y la globalización (Hinojosa Becerra, López Fernández, Estrella & Marín-Gutiérrez, 2015). El documental se estrenó en el *Ayahuasca Conference 2014*. También se ha exhibido en otros festivales y eventos culturales. Fue Premio al Vídeo Reportaje Científico en el *Festival Cine al Cubo 2015. Diálogo de Saberes en el Cine.*

En *Ochentaisiete* (2015) Juan, un adolescente hijo de un policía maltratador, huye de su casa a vivir en una casa abandonada que se convierte en la guarida de él y sus tres amigos. La casa se convierte en el refugio de los jóvenes. Empiezan a robar para pagar sus gastos. Sin dinero recurren a pequeños robos para financiar su hogar alterno. *Ochentaisiete* (2015), de los directores Anahí Hoeneisen y Daniel Andrade, en un filme que se cuenta en tiempos paralelos, la juventud de los protagonistas en 1987. La película es contada desde la percepción de Pablo que regresa al país después de veinte años a reencontrarse con sus antiguos amigos, que se separaron luego de un accidente en el que muere Juan cuando huían de un robo. *Ochentaisiete* (2015) recupera la parte de la historia del gobierno de León Febres Cordero en los padres de Pablo y su accionar político. Para Luzuriaga, esta película «es una alerta sobre las demandas de atención de la adolescencia, frente a un mundo adulto que la ignora por completo y porque reconoce también la misma posibilidad del encuentro y de la superación» (Luzuriaga, 2009, p. 206).

Las expresiones musicales del pueblo afroecuatoriano del Valle del Chota se reúnen en el documental *La Banda Mocha* (2015), de Armando López. La bomba es el género musical del valle. En el baile de la bomba las mujeres se mueven al son de la música con una botella en la cabeza. La banda mocha es el nombre con el que se conoce a los grupos musicales o bandas que tocan bomba. El documental se acerca a las particularidades de estas bandas, a la construcción de los instrumentos que utilizan en base a calabazas secas de diferentes tamaños. Con hojas de árboles crean los «pencos», cuyo sonido se asemeja a una corneta. Y en base a cañas de río se construyen las flautas. En la banda hay dos instrumentos particulares, las hojas de naranjo y las mandíbulas de burro. El documental muestra la vida de los integrantes de la Banda Mocha. A través de entrevistas a los músicos podemos conocer la historia de la banda y las metas que tiene para el futuro. Acerca al espectador a la vida del valle del Chota desde sus músicos, sus labores diarias en el campo y la falta de recursos que atenta contra la continuidad de la banda en el tiempo.

CONCLUSIONES

Se destaca el impacto significativo del cine ecuatoriano en la sociedad y la cultura del país. A lo largo de los años, el cine ha abordado temas históricos, sociales, políticos y culturales, contribuyendo a la preservación de la memoria colectiva y la identidad nacional. Se evidencia la diversidad y riqueza del cine ecuatoriano, que abarca desde documentales que rescatan la historia y la lucha de comunidades locales, hasta películas de ficción que exploran temas contemporáneos relevantes para la sociedad. Estas producciones cinematográficas no solo han enriquecido el panorama cultural del Ecuador, sino que también han generado reflexiones profundas sobre la sociedad, la política y la identidad. Se reconoce el papel fundamental de los cineastas, actores, directores y productores en el florecimiento del cine ecuatoriano. Su labor y creatividad han sido fundamentales para construir un legado cinematográfico sólido que ha impactado a las generaciones actuales y futuras. A través de sus obras, han logrado plasmar la diversidad, la historia y las realidades de Ecuador, brindando un testimonio invaluable de la vida y la cultura ecuatoriana.

La producción cinematográfica ecuatoriana también ha servido como un medio para crear conciencia sobre problemas sociales y ambientales, como la explotación minera, la migración, la conservación de la naturaleza, entre otros. El cine ha sido una poderosa herramienta para visibilizar y sensibilizar a la sociedad sobre estos temas, generando diálogo y reflexión. Se destaca la importancia del cine como vehículo de expresión artística y social, que ha permitido ampliar las narrativas y representaciones culturales del país en el ámbito nacional e internacional.

Se resalta la evolución del cine ecuatoriano a lo largo de los años, desde las primeras producciones hasta las más recientes. Esta evolución ha reflejado el crecimiento y la madurez del cine ecuatoriano, así como su capacidad para adaptarse a los cambios sociales y tecnológicos. El florecimiento del cine ecuatoriano es un testimonio claro del compromiso y la pasión de los cineastas por contar historias auténticas que conecten con el público y dejen un legado perdurable en la sociedad ecuatoriana y en el ámbito internacional.

En la culminación de este viaje a través del cine ecuatoriano, emerge un tapiz fascinante de creatividad, desafíos superados y una diversidad narrativa que refleja la riqueza cultural de nuestra tierra. Desde los primeros pasos en el séptimo arte hasta las producciones contemporáneas, hemos presenciado la evolución de una industria que no solo ha capturado la esencia de nuestra identidad, sino que también ha contribuido a la narrativa global del cine.

Las películas ecuatorianas, a lo largo de los años, se han convertido en espejos que reflejan nuestras realidades, desafíos y triunfos. Han abierto ventanas a la comprensión mutua, fomentando el diálogo cultural y proyectando la diversidad de voces que conforman nuestra sociedad. A pesar de los obstáculos, los cineastas ecuatorianos han perseverado, utilizando la pantalla como lienzo para pintar historias auténticas y representativas.

Es imperativo reconocer la labor incansable de directores, actores, productores y todos aquellos que han contribuido al florecimiento del cine en Ecuador. El respaldo del público y el apoyo de las instituciones han sido pilares fundamentales en este viaje cinematográfico.

Al cerrar este capítulo, invitamos a futuras generaciones de cineastas ecuatorianos a mantener viva la llama de la creatividad. Que encuentren inspiración en la historia que hemos explorado juntos y que continúen explorando nuevas fronteras narrativas, ampliando la paleta de colores con la que pintamos nuestra identidad en la pantalla grande. Esta historia del cine ecuatoriano no es solo un relato del pasado, sino un cimiento sólido sobre el cual construir un futuro cinematográfico vibrante y prometedor. Que esta monografía sirva como testamento de nuestro legado cinematográfico y como un llamado a la acción para las generaciones venideras. El telón de la historia del cine ecuatoriano se cierra, pero la pantalla siempre aguarda nuevas imágenes y nuevas historias que están por ser contadas.

BIBLIOGRAFÍA

AGUIRRE SALAS, A. (2015). Identidad, memoria y disputas de sentido en el documental contemporáneo ecuatoriano. En Christian León y Cristina Burneo Salazar (Ed.) *Hacer con los ojos. Estados del cine documental*, Universidad Andina Simón Bolívar, 125-136. https://bit.ly/3q41snR

ALARCÓN OBANDO, A. C. (2014). *Plan de negocios para la creación de una productora de cine en el Distrito Metropolitano de Quito*. Pontificia Universidad Católica del Ecuador. https://bit.ly/3lOp5bj

ALAVA CORNEJO, M. A. (2019). *Propuesta teórico-metodológica para el análisis de la memorabilidad de personajes del cine ecuatoriano*. Universidad Católica de Santiago de Guayaquil. bit.ly/45E7azg

ALEMÁN, G. (2012). Un acercamiento a las nuevas olas del cine latinoamericano: el caso de Ecuador. *Chasqui. Revista Latinoamericana de Comunicación*, (118), 79-85. https://bit.ly/3cilNkg

ALEMÁN, M. G. (2003). *La huella de lo audiovisual en la cultura ecuatoriana*. Tulane University.

ALMEIDA MARIÑO, M. P. y CORAL CASTILLO, S. D. (2019). *Construcción del sujeto y video documental: el caso del video documental «Tras las sombras del niño del terror» de los Hermanos Soasti (2009)*. Universidad Central del Ecuador. https://bit.ly/3tdOUMP

ALVIRA, P. (2016). Cine y revolución en los años sesenta latinoamericanos. La violencia como tema en el cine de intervención política (Uruguay, Brasil y Argentina). *Nexus Comunicación*, *12*(46), 157-186. https://bit.ly/3608vqo

AQUIETA NÚÑEZ, R. O. (2021). *Documental y memoria: relatos históricos sobre la lucha política de Alfaro Vive Carajo, en los documentales AVC del sueño al caos de Isabel Dávalos y AVC de Mauricio Samaniego.*

ASAMBLEA NACIONAL. (2006). *Ley de Fomento del Cine Nacional*. Ecuador.

AYALA MORA, E. (2020). Dimensión regional de la Revolución Liberal ecuatoriana. *Revista de Historia, Patrimonio, Arqueología y Antropología Americana*, (2), 57-64. https://bit.ly/3sHkfak

BABINO, E. (2015). La adolescencia en el cine latinoamericano. *Cinémas d'Amérique latine*, (23), 4-17. https://bit.ly/365CMEZ

BÁEZ MEZA, M. (2020). Un paneo a la producción bibliográfica sobre cine en Ecuador (2000-2015). En. L. Zavala y J. Aristizábal Santa (eds.). *Los estudios sobre cine en Latinoamérica (2000-2017)* (pp. 253-268). Editorial Uniagustiniana. bit.ly/466cP1p

BARRETO SILVA, A. C. (2016). *Movimientos sociales y redes transnacionales: un estudio sobre la reivindicación de los derechos ambientales de Orellana y Sucumbíos (Ecuador) frente a Texaco (2003-2013)*. (Tesis Doctoral). Universidad del Rosario. https://bit.ly/3lrwZ9T

BECILLA GARCÍA, L. A., RODRÍGUEZ PONCE, F. E. y LEMOS BELTRÁN, D. G. (2019). Financiamiento cinematográfico: Su desarrollo en Guayaquil 2014-2018. *Dilemas contemporáneos: Educación, Política y Valores*. https://doi.org/10.46377/dilemas.v30i1.1077

BECKERMAN, P., & SOLIMANO, A. (2002). *Crisis and dollarization in Ecuador: Stability, growth, and social equity*. World Bank.

BORJA VILLAVICENCIO, I. M., & TORRES MEZA, K. Y. (2015). *Registro histórico de los cines en el centro de Quito*. Universidad Politécnica Salesiana. https://bit.ly/3CfmWDc

BOUHABEN, M. A. (2017). Pensar, crear, resistir. Las rupturas del Cine Latinoamericano y sus relecturas contemporáneas. *Fuera de campo*, *1*(3), 11-23. https://bit.ly/3CGDvYU

BREILH, A. (2017). Flaherty: la reconstrucción del pasado. *INMÓVIL, 3*(1), 23-23. https://bit.ly/3pPI5ij

BRITO MONTENEGRO, A. S. (2015). *Análisis del uso de archivo en el cine documental: la muerte de Jaime Roldós, de Manolo Sarmiento y Lisandra Rivera.* Pontificia Universidad Católica del Ecuador. https://bit.ly/3u29puQ

BURBANO, K., GILER, L., & SOLANO, P. (2010). *Implementación de salas de supercines en la ciudad de naranjal* (Bachelor's thesis). Escuela Superior Politécnica del Litoral. https://bit.ly/3CIYJeg

BURCH, N. (1985). *Praxis del cine.* Editorial Fundamentos.

CALVO, G. (2007). Camilo Luzuriaga, batallar por la utopía. *Archipiélago. Revista cultural de nuestra América, 16*(58).46-47. https://bit.ly/3v05QaZ

CAMACHO, A. F. (2020) Autorrepresentación y autodeterminación: Sarayaku y la apropiacipon audiovisual para la defensa territorial. *Revista de Antropología Visual.* (28), http://doi.org/10.47725/RAV.028.12

CAMAS BAENA, V. (2016). Documental etnográfico en el ecuador del buen vivir: pasado, presente y perspectivas futuras. *methaodos. revista de ciencias sociales, 4*(2), 303-318. https://bit.ly/3pEYlCS

CAMPO, J. (2017). Jorge Prelorán: un cineasta argentino entre la periferia y el centro de los estudios de cine. *Dixit,* (26), 62-73. http://dx.doi.org/10.22235/d.v0i26.1326

CANO FLORES, M. V. (2003). *La identidad nacional en el cine ficción ecuatoriano de 1980 al 2000.* Universidad Internacional SEK https://bit.ly/377cQZr

CARGUA MOGOLLÓN, D. M., & PATIÑO TIPÁN, A. M. (2021). *Vídeo reportaje de la adaptación de la obra literaria al cine de la película ecuatoriana «La Tigra».* Universidad Politécnica Salesiana de Ecuador. https://bit.ly/3sTZWX7

CARPIO DE LA TORRES, L. G. (2018). *El retrato de las sensaciones: análisis compositivo de los temas Sensaciones, Los Andes y Despedida del compositor Juan Esteban Cordero, de la banda sonora del cortometraje Sensaciones, aplicada en un portafolio de cuatro obras inéditas.* Universidad de las Américas. https://bit.ly/3KzhApn

CARRANZA GÁNDARA, C. (1984). Festival anual del nuevo cine latinoamericano. *Chasqui. Revista Latinoamericana de Comunicación,* (9), 43-45. https://bit.ly/3pOPoqu

CARRERA MAILA, O.P. Y UVIDIA CAÑIZARES, M. S. (2017). *El Conflicto del Alto Cenepa de 1995 y sus repercusiones en el aspecto social del Ecuador.* Universidad Central del Ecuador. https://bit.ly/3KMFoX1

CARRIÓN, F. (2007). Cordova Montufar, Marco: Quito: Imagen urbana, espacio público, memoria e identidad. *EURE-Revista Latinoamericana de Estudios Urbanos Regionales, 33*(98), 135-138. https://bit.ly/3q1Cndf

CARVAJAL CALERO, J. F. (2015). *Ruptura de la espiral del silencio: los documentales Tóxico Texaco Tóxico ya cielo abierto derechos minados de Pocho Álvarez.* Pontificia Universidad Católica del Ecuador. https://bit.ly/3JCWB4B

CASTILLO MANTUANO, A. (2020). Historia de la cinefilia en Ecuador o cronología del cineclubismo. *Cámbrica,* (1), 8-14. https://bit.ly/3sPVNU7

CELI, E., & FONCSECA, E. (2019). Historia del documental: orígenes, soportes y vanguardias del Ecuador. *VISUAL REVIEW. International Visual Culture Review, 6*(2), 95-100. https://doi.org/10.37467/gka-revvisual.v6.1522

CHAPARRO MEDINA, M. C. (2015). Rafael Correa: Estrategia de politing en el siglo XXI. *Opción, 31*(3), 429-445. https://bit.ly/3vYqHvL

CHAPUT, L. (2009). FFM-Compétition mondiale des premières oeuvres: entre originalité et espoir. *Séquences: la revue de cinéma*, (263), 7-7. https://bit.ly/3q4sueW

CHÁVEZ REVELO, E. (2015) La importancia de llamarse Satya Bicknell Rothon: una radiografía del Estado a partir del análisis de la institución de la patria potestad y la figura del padre en la cultura judicial. *Derechos y Justicia. Observatorio.* https://bit.ly/3u1YBwY

CIRIO, N. P., PÉREZ GUARNIERI, A. y TOMÁS CÁMARA, D. (2011). La temática de la negritud en el cine argentino: la narrativa audiovisual como estrategia para la detección, crítica y visibilización de la tercera raíz de la Argentina. *Quaderns de Cine*, (7), 113-134. https://bit.ly/3N7f4bK

CONTRERAS MARTÍNEZ, Y. (2014). El rol de los registros históricos en Manuela Sáenz: la libertadora del libertador. En Jorge Enrique Elías-Caro y Margarita Macías Ramos. *La historia en la literatura y la literatura en la historia latinoamericana y caribeña.* ADHILAC y Universidad del Norte. Pp. 46-58. https://bit.ly/3sUdwd2

CORDERO, S. (2010). *Ratas ratones rateros, una película de Sebastián Cordero (libro de memorias).* Cabezahueca producciones.

CÓRDOVA, A. (2011). Estéticas enraizadas: aproximaciones al video indígena en América Latina. *Comunicación y medios*, (24), 81-107. https://bit.ly/3CEyn7t

CORTEZ ANDRADE, J. O. y TITO GARZÓN, J. V. (2020). *Políticas neoliberales durante el gobierno de Gustavo Noboa.* Universidad Central de Ecuador. https://bit.ly/3sZ7acw

CORYAT, D. y ZWEIG, N. (2019). Nuevo cine ecuatoriano: pequeño, glocal y plurinacional. *post (s)*, 5. 70-101. https://doi.org/10.18272/post(s).v5i1.1592

CRUZ RODRÍGUEZ, E. (2012). Redefiniendo la nación: luchas indígenas y Estado Plurinacional en Ecuador (1990-2008). *Nómadas. Critical Journal of Social and Juridical Sciences.* Número especial de América Latina. https://doi.org/10.5209/rev_NOMA.2012.41786

CUARTEROLO, A. L. (2017). El archivo en la época de su reproductibilidad técnica. Recursos digitales para el estudio del cine silente latinoamericano. *Vivomatografías. Revista de estudios sobre precine y cine silente en Latinoamérica*, (3), 416-447. https://bit.ly/3CgOLuJ

DE BRITO, X., & ORTIZ ORTIZ, L. (2017). Lo simbólico, lo real y lo imaginario en las barras bravas. Una mirada desde Ecuador. *Academo*, 4(2), 8, 63-74. https://bit.ly/3KF4Kpz

DE CELIS PASTOR, S. R. (2014). El cine documental ecuatoriano contemporáneo. Tradiciones, horizontes y rupturas. *DOC On-line: Revista Digital de Cinema Documentário*, (16), 32-44. 65-76. https://bit.ly/3pOUzXk

DE LA GUERRA ZÚÑIGA, E. (2020). La mujer en el cine ecuatoriano. En Eddy Chávez Huanca [Director]. *Los derechos de la mujer en el cine.* Universidad Continental y Fondo Editorial. 63-79. https://bit.ly/3vF5iYn

DE LA VEGA VELASTEGUI, P. (2016). *Gestión cinematográfica en Ecuador: 1977-2006. Procesos, prácticas y rupturas.* Gescultura. https://bit.ly/3gNJcKr

DE LA VEGA ZURITA, M. P. (2018). *Análisis de tres filmes ecuatorianos del director Sebastián Cordero: ratas, ratones y rateros; pescador y sin muertos no hay carnaval desde la mirada del realismo sucio.* Universidad Católica de Santiago de Guayaquil. https://bit.ly/3JlMlsi

DELGADO GUEVARA, C. F. (2015). *Estética de lo grotesco: Análisis simbólico-visual de Diario El Extra.* Universidad Central del Ecuador. https://bit.ly/36p9IYN

DELGADO TAPIA, N. V. (2013). *La representación de la problemática del cine ecuatoriano de los últimos veinte años en el docu-ficción «Más allá del Mall» del director Miguel Alvear.* Universidad Central del Ecuador. https://bit.ly/3MPm1hv

DELGADO, H. (1984). Primera transmisión televisada vía satélite en el Ecuador. *Revista*

Universidad de Guayaquil, 55(1). DOI: https://doi.org/10.53591/rug.v55i1.1225

DILLON, M. (2014), Afiches de cine ecuatoriano. Ecuador. Casa de la Cultura Ecuatoriana Benjamín Carrión.

DILLON, M. F. (2005). El cine ecuatoriano de la década de los noventa: Momento clave de inclusión, dentro del canon cinematográfico latinoamericano. The University of Alabama. https://bit.ly/3MyTahx

—. (2014). The Birth of New Ecuadorian Film. Cine y…, 4(1), 13-22. https://bit.ly/3Cqunri

DISSE, I. (2011). No sabes a dónde vas, si no sabes de dónde vienes. Ochoymedio, (122), 5. https://bit.ly/3icfKyl

ECHEVERRÍA, Y. (2020). Cine de propaganda Nazi en el Ecuador (1934-1941). La confrontación ideológica por un país. Secuencias, (52), 97-120. https://doi.org/10.15366/secuencias2020.52.005

ENRÍQUEZ, K. (2012). Introducción. Informe Foro de Estudiantes Latinoamericanos de Arqueología y Antropología. https://bit.ly/3IAamA9

ERAZO PROAÑO, Y. J. (2015). Los Fracasados: El actor de cine en el Ecuador, como creador y transformador de emociones en el espectador. Universidad de Cuenca. https://bit.ly/3CSTtPQ

ESTRELLA SILVA, E. S. (2014). Estudio de recepción sobre la identidad nacional en el cine ecuatoriano en dos barrios de Quito. Universidad Andina Simón Bolívar, Sede Ecuador. https://bit.ly/3GNLBiU

—. (2016). Representaciones de masculinidad en el cine ecuatoriano de ficción (1981-2015). Universidad Andina Simón Bolívar, Sede Ecuador. https://bit.ly/3CEK2TX

ESTRELLA, U. (1984). Reflexiones sobre el cine ecuatoriano. Chasqui. Revista Latinoamericana de Comunicación, (12), 10-12. https://bit.ly/34nN2Hx

FALCONÍ TRÁVEZ, D. F. (2015). Los hieleros del Chimborazo y Baltazar Ushca, el tiempo congelado: narraciones fílmicas y literarias del indigenismo ecuatoriano. Un análisis comparatista decolonial de la subalternización nativa. Extravío, revista electrónica de literatura comparada, (8), 38-57. https://bit.ly/3CnAVXD

FAMA, A., & AGUILERA-MALTA, D. (1978). Entrevista con Demetrio Aguilera-Malta. Chasqui, 7(3), 16-23. https://bit.ly/3sNcSwM

FLORES VELASCO, J. (2014). Encuentros del Otro Cine. Aniki: Revista Portuguesa da Imagem em Movimento, 1(1), 121-126. https://doi.org/10.14591/aniki.v1n1.46

FONSECA DUQUE, E. R. (2017). Elaboración de un documental sobre la producción documental ecuatoriana. Universidad Israel. https://bit.ly/3HOXqWu

FUERTES JÁCOME, A. E. (2016). La puesta en escena del cine ecuatoriano de la última década: entre los referentes culturales extranjeros y las nuevas propuestas. Universidad Andina Simón Bolívar, Sede Ecuador. https://bit.ly/3BQ9vJF

FUERTES, J. S. (2021). Los aportes de Ulises Estrella a la cultura cinematográfica ecuatoriana. Universidad Iberoamericana del Ecuador. https://bit.ly/3KqlAbv

GALARZA NEIRA, M. T. (2010). El cine ecuatoriano 2000-2010: imágenes y presentaciones de la migración internacional. Universidad Andina Simón Bolívar, Sede Ecuador. https://bit.ly/3GOggwB

GALINDO CARDONA, Y. (2018). Escenarios e historias del uso cinematográfico en la educación colombiana. Revista Tempos E Espaços Em Educação, 11(26), 113-132. https://bit.ly/3hST31W

GARCÉS MORALES, B. S. (2021). Proyecto político de la organización Alfaro Vive Carajo. Universidad Central del Ecuador. https://bit.ly/35FO2HL

GARCÍA MÁRQUEZ, P. (2014). Asier y Yo-Asier ETA biok (Aitor Merino, Amaia

Merino). *Cine Maldito*. https://bit.ly/3HZ9Mvu

GARCÍA RONQUILLO, E. J. (2019). *Análisis de la Dirección de Fotografía y la Estética del Cineasta Ecuatoriano Sebastián Cordero*. Universidad Católica de Santiago de Guayaquil. https://bit.ly/3uUNFU3

GARCÍA VELÁSQUEZ, M. E. (2015). Estudio del comportamiento del mercado cinematográfico ecuatoriano en el año 2012 y de la injerencia de los planes de negocios para la generación de ganancias. *Fotocinema: revista científica de cine y fotografía*, (11), 347-365. https://doi.org/10.24310/Fotocinema.2015.v0i11.6086

GAVILANES MACÍAS, S. (2020). *La cromática y los códigos semiológicos en el cine ecuatoriano. Caso Absalón*. Universidad Técnica de Babahoyo. https://bit.ly/36Z43bX

GAVILANES TAMAYO, J. I. (2017). *Video documental: biografía del bailarín y poeta Mario Moreno Garibotto*. Universidad Politécnica Salesiana de Ecuador. https://bit.ly/3hLtLCQ

GAVILONDO RODRÍGUEZ, C. E. y PALACIO OSPINA, J. M. (2016). La creación de productos comunicativos audiovisuales. Una mirada al audiovisual ecuatoriano. *INNOVA Research Journal*, 1 (9): 26-38. https://doi.org/10.33890/innova.v1.n9.2016.49

GILLS, L. (2017). De Tábara (2003) a Persistencia (2016): El cine sobre arte de Fernando Mieles. *Fuera de Campo*. 1 (5), 20-39. https://bit.ly/35WXVAO

GÓMEZ SEMANATE, N. R. (2014). *Proceso de construcción de un cine diferente: cine indígena en el Ecuador*. Universidad Central del Ecuador. https://bit.ly/34OcTZn

GONZÁLEZ RENTERÍA, V. (2015). El cine emergente en Ecuador. Una mirada a su evolución. En María Isabel Punín Larrea (Ed.) *Comunicación y Periodismo. Cinco versiones de la historia*. Cuadernos Artesanos de Comunicación, Universidad de la Laguna, (99), 111-143. https://bit.ly/36jKuLm

GRANDA NOBOA, W. (1986). *Cronología de la Cultura Cinematográfica en el Ecuador 1901-1986*. Casa de la Cultura Ecuatoriana.

—. (1995). *Cine Silente en el Ecuador 1895-1935*. Casa de la Cultura Ecuatoriana. UNESCO.

—. (2006). *Cronología del Cine Ecuatoriano*. Revista Encuentros, (10), https://bit.ly/3MvgTPo

—. (2006). *La cinematografía de Augusto San Miguel: lo popular y lo masivo en los primeros argumentales del cine ecuatoriano*. Guayaquil 1924-1925 (Tesis doctoral). Universidad Andina Simón Bolívar, sede Ecuador. https://bit.ly/3spIbOd

—. (2007). *La cinematografía de Augusto San Miguel: Guayaquil 1924- 1925: Los años del aire*. Casa de la Cultura Ecuatoriana.

—. (2007a). Cronología del cine ecuatoriano. *Revista Nacional de Cultura*, (10), 28-49.

—. (2008). Historia de una película: Las tres ratas. *Kipus: revista andina de letras y estudios culturales*, (24), 97-102. https://bit.ly/34mQ7HR

GREBE, R., & LEMOS, L. (1984). El cine ecuatoriano (Entrevista a Gustavo Corral y Camilo Luzuriaga). *Chasqui: Revista Latinoamericana de Comunicación*, (12), 28-41. https://doi.org/10.16921/chasqui.v0i12.877

GUAYASAMÍN, I. (2011). *Wimbí: del oro al agua helada: la identidad afroecuatoriana del norte de Esmeraldas bordeando la modernidad en el siglo XXI*. Flacso-Sede Ecuador.

GUMUCIO DAGRON, A. (2015). *Diario ecuatoriano. Cuaderno de rodaje fuera de aquí. Llukshi Kaimanta: una película de Jorge Sanjinés*. Consejo Nacional de Cinematografía del Ecuador.

—. (Ed.). (2014). *El cine comunitario en América Latina y el Caribe*. Fundación del Nuevo Cine Latinoamericano. https://bit.ly/2lT2VPz

HENRIQUEZ MENDOZA, E. (2018). Las audiencias de las producciones audiovisuales informales en Santo Domingo de los Colorados (Ecuador). *Ñawi: arte diseño comunicación*, *2*(2), 91-112. https://doi.org/10.37785/nw.v2n2.a5

HERMIDA, T. (2012). En el nombre de la hija. *CINÉ JUNIOR*. https://bit.ly/3CK7QFW

HERMIDA, T., MARTÍNEZ, T., VALLEJO, C. y AGUIRRE, P. (2009). *Qué tan lejos*. Trigon-Film. https://bit.ly/3I0Ueas

HERRERA, L. (2016). Sin otoño, sin primavera: una narcografía trópico-equinoccial. En Esteban Ponce Ortiz (ed.), *Grado Cero. La condición equinoccial y la producción de cultura en el Ecuador y en otras longitudes ecuatoriales*. UArtes Ediciones. 113-131. https://bit.ly/3JplYqU

—. (2018). Pescador y el pharmakon: una narcografía en el Ecuador del siglo XXI. *Fuera de Campo*. 2 (1), 40-55. https://bit.ly/3u35Ftd

—. (2020). Selva, autonomía y vida plena: el documental ecuatoriano en la Amazonía. *Revista Iberoamericana*, *86* (270), 315-328. https://bit.ly/3wa7nvF

HINOJOSA BECERRA, M., LÓPEZ FERNÁNDEZ, A., ESTRELLA, L.G. y MARÍN-GUTIÉRREZ, I. (2015). El documental antropológico sobre el ritual de la ayahuasca en Zamora-Chinchipe. *Revista EAC*, (4), 80-89. https://acortar.link/aNBn98

HIRSCHMANN, O. (1987). Comunique en video lo popular. *Chasqui. Revista Latinoamericana de Comunicación*, (22), 22-27. https://doi.org/10.16921/chasqui.v0i22.850

IGARTUA, J. J. (2008). Identificación con los personajes y persuasión incidental a través de la ficción cinematográfica. *Escritos de Psicología (Internet)*, *2*(1), 42-53. https://bit.ly/3uQZVUw

ILLICACHI GUZÑAY, J. (2006). *Catolicismo, protestantismo y movimiento indígena en Chimborazo 1960-2005*. FLACSO sede Ecuador. https://bit.ly/3MxQiRQ

JARAMILLO VALVERDE, A. F. (2020). *Coordenadas desde el género: tendencias narrativas del cine ecuatoriano de ficción de 1999 a 2019*. Universidad Católica de Santiago de Guayaquil. https://bit.ly/3CW82lO

LAGUARDA, P. I. (2017). Políticas culturales, documentales e identidades: la producción de Jorge Prelorán. *Doc On-line*, (21), pp. 73-96 DOI: https://doi.org/10.20287/doc.d21.ar1

LARREA MALDONADO, A. M. (2014). Pobreza y desigualdad en el Ecuador: un balance de 7 años de Revolución Ciudadana. *Revista de Análisis Político de la Defensa del Ministerio de Defensa Nacional del Ecuador*, 1 (2), 22-33. https://bit.ly/3w2NM03

LARREA, C. (2017). Políticas públicas: su influencia en las dinámicas de producción y consumo de cine ecuatoriano (2006-2016). *INMÓVIL*, *3*(2), 20-20. https://bit.ly/3tapLm2

LEÓN MANTILLA, C. M. (2010). *Reinventando al otro: el documental indigenista en el Ecuador*. La Caracola.

LEÓN, C. (2005). *El cine de la marginalidad: realismo sucio y violencia urbana* (Vol. 64). Editorial Abya Yala.

—. (2007). Crítica poscolonial, performatividad cinematográfica y resistencia indígena. Apuntes para el análisis de la crisis del documental indigenista en Ecuador. *Revista Chilena de Antropología Visual*, (*10*), 85-108. https://bit.ly/3MxCxml

—. (2009). Blak Mama. Me gusta, pero me asusta. *La Fuga*. https://bit.ly/3I30QVS

—. (2015). El documental ecuatoriano en el nuevo siglo. En Christian León Mantilla Cristina Burneo Salazar (Ed.), *Hacer con los ojos. Estados del cine documental*, Universidad Andina Simón Bolívar, 107-125.

LEÓN, C. M. (2019). Giro subjetivo y la puesta en escena del yo en el documental ecuatoriano. *Comunicación y medios*, *28*(39), 136-146.

LOAIZA RUIZ, V. Y. y GIL, E. (2015). Tras los pasos del Cine en Ecuador: la producción nacional y políticas de apoyo. *Revista ComHumanitas*, 6 (1): 52-66. https://bit.ly/3BehDU1

LOAIZA-RUIZ, Y. (2017). Mitificación e imaginarios sociales del personaje en el documental ecuatoriano casos: La muerte de Jaime Roldós y Un Secreto en la Caja. *Razón y palabra*, 21(4_99), 107-145. https://bit.ly/3u0LWKJ

LÓPEZ ÁLVARO, V. P. (2013). *La federación de organizaciones juveniles en el Ecuador: 1982-1990*. Pontificia Universidad Católica del Ecuador. https://bit.ly/3HQgp37

LÓPEZ NÚÑEZ, C. P. (2022). *Cambios socio económico y geográficos producidos en el cantón Pelileo, Provincia de Tungurahua a raíz del terremoto del 5 de agosto de 1949*. Universidad Nacional de Chimborazo. https://bit.ly/3usKC3F

LUNA-MONTALVO, A. (2016). Una copa que se quedó en Ecuador. *Desbordes*, 7, 121-135. https://doi.org/10.22490/25394150.2307

LUZURIAGA ARIAS, C. C. (2019). *Tensiones e inflexiones en el campo cinematográfico ecuatoriano*. Universidad Andina Simón Bolívar, Sede Ecuador. https://bit.ly/3h6ROvJ

LUZURIAGA JARAMILLO, S. L (2021). Haciendas serranas y espacios rurales: dinámicas históricas y representaciones en largometrajes de ficción. *Cambios y Permanencias*, 12(1), 646-664. https://bit.ly/3tHQllu

LUZURIAGA JARAMILLO, S. I. L (2020). Agua, tierra y paisaje: materialidad y representación en documentos históricos y productos audiovisuales. *Cambios y Permanencias*, 11 (2), 516-530. https://bit.ly/3CPE5n2

LUZURIAGA, C. (2013). Antecedentes, inicios y problemas del cine histórico en el Ecuador: apuntes para un estudio crítico. *Chasqui. Revista Latinoamericana de Comunicación*, (121), 73-80. https://bit.ly/3LDWaJ6

—. (2017). Los géneros del cine ecuatoriano. *INMÓVIL*, 3(2), 16-16. https://bit.ly/3KshhMO

MARÍN GUTIÉRREZ, I., ALLEN-PERKINS AVENDAÑO, D. y HINOJOSA BECERRA, M. (2015). El documental etnográfico-participativo 'Natem, la bebida sagrada de los shuar', *Gazeta de Antropología*, 1 (31). https://idus.us.es/handle/11441/131229

MARTÍN CUEVA, J. (2015). El uso de la primera persona en el cine documental ecuatoriano, en Christian León y Cristina Burneo Salazar (ed.), *Hacer con los ojos. Estados del cine documental*. Universidad Andina Simón Bolívar, Sede Ecuador, 140-154. https://bit.ly/3q3g6f4

MEDINA, M. (2020). Identidad y resistencia en A tus espaldas de Tito Jara. *Diálogo*, 23(1), 127-141. https://doi.org/10.1353/dlg.2020.0011

MEJÍA ARRIAGA, J. D. (2017). *Estudio de las películas ecuatorianas comerciales con más espectadores en el período 2010-2015 y su relación con el tipo de narrativa utilizada por sus directores, en la ciudad de Guayaquil*. Universidad Católica de Santiago de Guayaquil. https://bit.ly/3liCtUh

MITE BASURTO, A. E. (2022). Breve recorrido por el cine ecuatoriano y su representación social. *Estudios del Desarrollo Social: Cuba y América Latina*, 10 (1), 183-190. https://bit.ly/3HOMPea

MOLINA, T. (2017). Ficción vs. Documental, el cuento que nos enseñan. *INMÓVIL*, 3(1), 19-19. https://bit.ly/3I8ZEAm

MONCADA VILLACRÉS, L. A. (2019). *Análisis del proceso de dirección actoral en el cortometraje «Raíz» (2018)* (Tesis Doctoral). Universidad de las Artes. bit.ly/3qQyQCg

MONTOYA MENESES, D. M. (2014). *Actividades recreativas de antaño de la ciudad de Guayaquil como alternativa de desarrollo de turismo cultural*. Universidad de Guayaquil. https://bit.ly/3twmgVT

MORA MANZANO, A. (2007). La primera gran encrucijada del cine ecuatoriano. *Archipiélago. Revista cultural de nuestra América*, 16(58), 44-45. https://bit.ly/3CGo436

MOSCOSO, M. V. (2011). A Wild Idea. *UC Berkeley: Berkeley Graduate School of Journalism*. https://bit.ly/3tfq0wo

MUENALA VEGA, Y. H. (2016). *La autorepresentación en la práctica audiovisual de realizadores kichwa otavalos como estrategia para la continuidad histórica de su identidad étnico-cultural*. (Tesis de Maestría) Flacso Ecuador. https://bit.ly/3w2ELo6

MUÑOZ, R. (2009). *Tarjeta roja. Fútbol y racismo: la historia de vida del jugador Agustín Delgado y su probable victimización racial* (Tesis de Maestría). FLACSO Sede Ecuador. https://bit.ly/3vYzii1

MURIEL, A. (2015). Abuelos: Plantando cara a la muerte. En Christian León y Cristina Burneo Salazar (Ed.). *Hacer con los ojos Estados del cine documental*. Universidad Andina Simón Bolívar. Sede Ecuador. 173-186. https://bit.ly/34ThLN3

MURILLO CASTRO, M. L. y ROMERO MORÁN, D. E. (2013). *Influencia de la época en la representación de la mujer. Análisis del discurso cinematográfico en las películas: dos para el camino, la tigra, retazos de vida ya tus espaldas*. Universidad Católica de Santiago de Guayaquil. https://bit.ly/3CnlRt8

MURILLO GARCÍA, M. G. (2015). *Evaluación individual del contenido informativo del proyecto documental del Cosplay en Guayaquil*. Universidad Casa Grande. https://bit.ly/3JmK5qc

NARVÁEZ, G. (2015). «Sin otoño, sin primavera: una balada punk» y la cuestión del sentido de la vida. *Tierra en trance. Reflexiones sobre cine latinoamericano*. https://bit.ly/3wiyXHb

NAVITSKI, R. (2017). Silent and early sound cinema in Latin America. En Marvin D'Lugo, Ana M. López y Laura Podalsky, *The Routledge Companion to Latin American Cinema*, Routledge. bit.ly/44Lmbi1

ORELLANA, J. (2018). Tras la pista del cine ecuatoriano. *Illari*, (5), 70-74. https://bit.ly/3HKNqNV

OROZCO, G. (2007). *Cine Iberoamericano. Los desafíos del nuevo siglo*. Ediciones CICCUS.

ORTIZ, S. (2011). 30-S: La vulnerabilidad del liderazgo de la Revolución Ciudadana y de la Institucionalidad en Ecuador (Coyuntura). *Íconos-Revista de Ciencias Sociales*, (39), 25-34. https://doi.org/10.17141/iconos.39.2011.454

OSORIO, K. (2014). Nuestra cultura en la pantalla grande: Cine Ecuatoriano. *RUCOM Revista Digital*. (5).

OSPINA GARCÍA, O. (1994). Entre Marx y una mujer desnuda. *Chasqui. Revista Latinoamericana de Comunicación*, (49). 10-12. https://bit.ly/3CH54Bz

PAGNOTTA, C. (2017). «Evangelizar» y «Civilizar» la Amazonía ecuatoriana. Una aproximación a la actividad del salesiano Carlo Crespi en la década de 1920. En Pilar García Jordán, *La reinvención de América. Siglos XIX-XX*, 125-149. Universitat de Barcelona.

PALMA HOYOS, D. M. (2020). *Lo que veo (mientras me muevo)*. Universidad de las Artes. https://bit.ly/3KK0DbA

PARREÑO MALDONADO, M. D. (2014). *El espectador de cine independiente de las salas de Ocho y Medio en Quito y su búsqueda de distinción social*. Pontificia Universidad Católica del Ecuador. https://bit.ly/37ejZqV

PARRINI, L. (2013). *EDOC: Ecuador y el mundo revividos en la memoria documental*. https://bit.ly/3KZYwAR

PEÑA CAMINO, D. E. (2021). *Producto audiovisual sobre la digitalización y preservación del acervo fílmico ecuatoriano de la cinemateca nacional del Ecuador*. Universidad Politécnica Salesiana del Ecuador. https://bit.ly/3pNwFLS

PERALTA IDROVO, L. F. y COLLANTES PEÑAHERRERA, C. M. (2013). *Proceso de elaboración de la nueva imagen de Don Evaristo.* Universidad Central de Ecuador. https://bit.ly/3HRR34U

PÉREZ AGUAGUIÑA, J. A. (2022). *La Figura del Indígena y su Representación en Filmes Ecuatorianos de 2010 A 2019.* Universidad Nacional de Chimborazo. https://bit.ly/34rYDWe

PONCE CORDERO, R. (2019). Cine Bajo Tierra: Ecuador's Booming Underground Cinema in the Aftermath of the Neoliberal Era. En Daniel Nehring, Magdalena López y Gerardo Gómez (Ed.) *A post-neoliberal era in latin america?*, Bristol University Press, 93-114.

PRIETO MÉNDEZ, D. E. (2014). *Representación de la ecuatorianidad en la pantalla grande qué tan lejos ya tus espaldas.* Universidad San Francisco de Quito. https://bit.ly/3MPjunE

PUIG PEÑALOSA, X. (2021). Biopolítica, higienismo y poder: el caso del noticiero «Ecuador Noticiero Ocaña Film 1929». *Artelogie. Recherche sur les arts, le patrimoine et la littérature de l'Amérique latine,* (17). https://doi.org/10.4000/artelogie.10399

QUELAL MONCAYO, D. R. (2015). *El cine como medio de comunicación y los estereotipos de género en la representación de la mujer en las películas ecuatorianas, La Tigra, El Facilitador y Sin Otoño, Sin Primavera.* Pontificia Universidad Católica del Ecuador. https://bit.ly/3sMMsfR

QUEVEDO PINOS, Y. J. (2020). *Permanencia. La representación de la memoria en el montaje documental.* Universidad de las Artes. https://bit.ly/3tai0wu

RAMOS MONTEIRO, L. (2016). «Filmo, luego existo». Filmografías en circulación paralela en Ecuador. *Fuera de Campo,* 1 (1), 41-51. https://bit.ly/3i8FP1g

REQUEIJO REY, P. (2011). La telerrealidad a través del cine: Crónicas de Sebastián Cordero. *Revista de la SEECI,* (24): 54-76. https://bit.ly/3Ia8ZaS

RIVERA COSTALES, J. (2014). Rafael Correa y las elecciones 2006. Inicios del Marketing y Comunicación política digital en Ecuador. *Chasqui: Revista Latinoamericana de Comunicación,* (126), 116-123. https://bit.ly/37qQSkt

RIVERA VÉLEZ, F. y GUERRERO SALGADO, G. A. (2014). Web 2.0 and National Security Strategies: Similarities Between and Perspectives on Spain and Ecuador. The Cases of #15M and #30S. *American International Journal of Social Science,* 3 (2), 180-190. https://bit.ly/3MU6T2t

ROBERTS-CAMPS, T. (2015). Review of Mejor no hablar (de ciertas cosas), dir. Javier Andrade. *Chasqui: Revista de Literatura Latinoamericana,* 44(1), 251–253. https://bit.ly/3JrNzrp

—. (2021). *El género y la interseccionalidad en las cineastas ecuatorianas Viviana Cordero y Tania Hermida (De La Escena Contemporánea).* Universidad Andina Simón Bolívar. https://bit.ly/3pPnjzv

—. (2021b). El género y la interseccionalidad en las cineastas ecuatorianas Viviana Cordero y Tania Hermida. *Kipus: revista andina de letras y estudios culturales,* (50), 137-162. https://doi.org/10.32719/13900102.2021.50.7

ROMÁN ORDÓÑEZ, A. P. y CHÉRREZ ROSERO, G. M. (2019). *Análisis del campo cinematográfico ecuatoriano: Quién hace cine y desde dónde lo hace.* Pontificia Universidad Católica del Ecuador. https://bit.ly/3I6nLzz

ROMANO SILVA, M. D. (2013). *Análisis semiótico de la manifestación y reproducción de expresiones culturales indígenas y mestizas durante la Yumbada de Cotocollao, contadas desde sus actores y visibilizadas mediante la producción de un video documental.* Universidad Central del Ecuador. https://bit.ly/3pCkWQe

ROMERO ALBÁN, K. (2011). *El cine de los otros: la representación de «lo indígena» en el cine documental ecuatoriano.* Abya-Yala. https://bit.ly/3KvtC33

RUBIO ROMERO, D. A. (2016). *La construcción de identidad de la ecuatoriana en el cine.* Universidad Politécnica Salesiana. https://bit.ly/3t2cITI

SAONA LOZANO, R. V., TIGRERO VACA, J.W. y SANTILLAN SAONA, V. L. (2022). Percepciones de los docentes hacia la Inclusión Educativa en la Universidad de las Artes de Guayaquil. *Yachana Revista Científica,* 11 (1). 67-78. https://bit.ly/3qloE0Z

SCHLENKER, A. (2019). De Guayaquil a Quito (Ecuador, Carlos Endara, 1929). *Vivomatografías. Revista de estudios sobre precine y cine silente en Latinoamérica,* (5), 277-292. https://bit.ly/3vKC6it

SERRANO SALGADO, J. L. (2019). Memoria de una primavera audiovisual. Impactos de la Ley de Cine en Ecuador (2006-2017). En Lucrecia Cardoso, Germán Calvi and Matías Triguboff, *Políticas y producción audiovisual en la era digital en América Latina,* 59-69. CLACSO. https://bit.ly/3B7r33A

—. (2020). Un aire de familia. Ley de Cine, recurrencias y aspectos comunes en el cine ecuatoriano del post-indigenismo. *Cuadernos del Centro de Estudios en Diseño y Comunicación,* (122), 203-218. https://bit.ly/37dI7ds

SERRANO, J. L. (2001). E*l nacimiento de una noción: apuntes sobre el cine ecuatoriano.* Editorial Planeta del Ecuador.

SIERRA FREIRE, W. (2017). Quito en sus voces e imágenes. Aproximación a sus correlatos fílmicos. *Cambios y Permanencias, 8*(2), 596–617. https://bit.ly/3pZVFzK

SITNISKY, C. (2012). Prometeo Deportado: el cine crítico de Fernando Mieles. *Guaraguao,* 16(39), 159-168. https://bit.ly/37zgLP5

—. (2017). Promocionando al Ecuador: En la mitad del mundo. *Fuera de Campo,* 1 (5): 108-121. https://bit.ly/3tB1Dbn

SOLANO ORTÍZ, C. A. (2020). *Filmosofía ecuatoriana. Pensar el cine en Ecuador.* (Tesis Doctoral). Universidad Autónoma de Madrid. https://bit.ly/3JmkLQW

SOTOMAYOR, A. O. y CUEVA, P. O. (2020). Ambiente, sociedad y turismo comunitario: La etnia Saraguro en Loja–Ecuador. *Revista de Ciencias Sociales (Ve),* 26(2), 180-191. https://bit.ly/3q40kkc

SUBIRATS, E. (1997). *Linterna mágica: vanguardia, media y cultura tardomoderna.* Siruela.

SUING, A., ORDÓÑEZ, K. y CARPIO-JIMÉNEZ, L. (2018). La libertad de prensa en Ecuador, entre 2002 y 2017, de acuerdo a Freedom House. En María José Pérez Serrano, Gema Alcolea Díaz y Antonia I. Nogales Bocio, *Poder y medios en las sociedades del siglo XXI.* Egregius.

TARCO CARRERA, H. (2020). Descolonizando el texto visual: Bases para interpretar cuatro estéticas cinematográficas indigenistas ecuatorianas del siglo XXI. *Diálogo,* 23(1), 47-54. https://doi.org/10.1353/dlg.2020.0005

TERÁN, J. F. (2006). ¡Alfaro vive carajo! y la lucha por el olvido. *Ecuador Debate. Memorias de la izquierda,* (67), 61-76. https://bit.ly/3CpTISf

TOLEDO OCHOA, C. (2022). *Caracterización sonora de ambientes cinematográficos reales aplicados al documental «El pequeño cuartel».* Universidad de Cuenca. https://bit.ly/3tcDIVY

TOMALÁ ARCE, E. E. (2018). *El documental científico audiovisual como medio de divulgación de los proyectos FCI de la Universidad de Guayaquil.* Universidad de Guayaquil, Facultad de Comunicación Social. https://bit.ly/3IW8iTN

TOMASELLI, L. E. (2016). Cine e identidad: Representaciones visuales del «indio» en el cine ecuatoriano. *INMÓVIL*, 2 (2), 1-24. https://bit.ly/3Kmg5dM

TORRES PAZ, R. (2021). *Políticas Culturales y Desarrollo Humano. Estudio de transferencias directas para artistas y consecuencias: Caso Loja*. Grupo Compás. https://bit.ly/3wiGKoj

TORRES, G. A. (2018). La faz melodramática del cine ecuatoriano (1965-2016). *Fuera de Campo*, 1 (5), 40-59. https://bit.ly/34oauEP

TORRES-TOUKOUMIDIS, A., y ALMEIDA-GUERRERO, A. (2019). Análisis de la producción fotográfica y obras audiovisuales de misiones salesianas en la región amazónica. En: Juncosa Blasco, J., y Garzón Vera, B., eds. *Misiones, pueblos indígenas y la conformación de la Región Amazónica: actores, tensiones y debates actuales*. Editorial Abya-Yala, pp. 165-179. https://doi.org/10.7476/9789978104941.0010

TRABUCCO, S. (2014). *Con los ojos abiertos: El Nuevo Cine chileno y el movimiento del Nuevo Cine latinoamericano*. Lom Ediciones.

UNDA, M. (2005). Quito en abril: los forajidos derrotan al coronel. *OSAL*, 16, 129-139. https://bit.ly/3KF6wHm

VARGAS SÁNCHEZ, V. L. (2019). *Lenguaje audiovisual de la película la dama tapada en las escenas grabadas en Babahoyo en el año 2017*. Universidad Técnica de Babahoyo. https://bit.ly/3HP4T7Y

VÁSQUEZ, J. D. (2018). Sobre la cuestión de la memoria en Ecuador. La muerte de Jaime Roldós ante la perversión historiográfica. *Fuera de Campo*, 2(1), 88-103. https://bit.ly/3qhXUP2

VÁZQUEZ, P. A. (2010). *La recreación de la ecuatorianidad en el imaginario simbólico de los filmes: «Entre Marx y una mujer desnuda (1996)»,«Ratas, ratones y rateros (1999)», «Qué tan lejos (2006)» y «Cuando me toque a mí» (2008)*. FLACSO Sede Ecuador. https://bit.ly/3rZeS67

VELÁSQUEZ CAMPOS, R. D. (2010).*El afiche como medio publicitario para el Cine Ecuatoriano*. Escuela Superior Politécnica de Chimborazo. https://bit.ly/3Kp0zxZ

VELAZCO, S. (2002). Entre Marx y una mujer desnuda. *Chasqui*, 31 (1), 157-159. https://bit.ly/3sSxO6W

VELEZ, I. (2015). Las tecnologías del género y de la información en la construcción memorial documental: el caso de «Abuelos» (2010) de Carla Valencia Dávila. En *Memoria histórica y cine documental: Actas del IV Congreso Internacional de Historia y cine* (pp. 665-696). Edicions de la Universitat de Barcelona. https://bit.ly/37lG471

VILLAFUERTE ALMEIDA, I. (2014). La muerte de Jaime Roldós. El largo silencio de un país. A film by Lisandra I. Rivera and Manolo Sarmiento. *Delaware Review of Latin American Studies*, 15 (2), https://bit.ly/3CUuwn5

VILLARINO PÉREZ, E. (2010). Rabia. Una mirada indiscreta. *Cameraman: Revista técnica cinematográfica*, (42), 4-17. https://bit.ly/36oGARr

YÉPEZ MOSQUERA, A. S. (2021). *«Hay una mujer, entonces, hay una productora». Feminización y precarización del trabajo en el sector audiovisual de Quito*. Universidad de las Artes. https://bit.ly/3JpuVAw

ZAMORANO VILLARREAL, G. (2018). Envisaging Andean indigeneity through photographic and audiovisual technologies. En L. J. Seligmann y K. S. Fine Dare, *The Andean World*. Routledge, 468-484. bit.ly/44te09S